rowohlt
PAPERBACK

Ulfilas Meyer

BORN TO RUN

Zum Laufen geboren

Aus dem Leben des Extremläufers
Achim Heukemes

Rowohlt Taschenbuch Verlag

In Erinnerung an meine
Schwester Dorothee Anand

Lektorat Bernd Gottwald

Originalausgabe
Veröffentlicht im Rowohlt Taschenbuch Verlag GmbH,
Reinbek bei Hamburg,
Oktober 2003

Umschlaggestaltung Cordula Schmidt
Foto Armin Schirmaier
Grafiken Seite 40 und 51 Daniel Sauthoff, Hamburg
Innengestaltung Daniel Sauthoff, Hamburg
Satz KCS GmbH, Buchholz/Hamburg
Druck und Bindung Clausen & Bosse, Leck
Printed in Germany
ISBN 3 499 61543 6

Die Schreibweise entspricht den Regeln
der neuen Rechtschreibung.

Inhalt

Vorwort

Man sollte sich einmal die Frage stellen: Seit wann laufen wir – und warum? Kurz nach unserer Geburt lernen wir laufen, um uns aus eigener Kraft fortzubewegen, also auf natürliche Art und Weise. Folglich sollten wir unsere Beine so oft wie möglich einsetzen, um von A nach B zu kommen.

Für mich bedeutet Laufen nicht nur, Weltrekorde oder Bestleistungen zu erzielen, sondern es ist auch eine Botschaft – mit 50++ sportlich (oder beruflich) noch lange nicht am «Ende» zu sein, vorausgesetzt, man hat den Willen dazu.

Durch regelmäßiges Laufen kann der Körper mehr Sauerstoff aufnehmen, und das Gehirn wird besser durchblutet. Auch das Kreislaufsystem wird stabilisiert, und dadurch hat man eine bessere Lebensqualität. 30 Minuten täglich reichen aus, um sich wohl und ausgeglichen zu fühlen.

Laufen – das ist auch eine Möglichkeit, seine Grenzen besser kennen zu lernen. Durch die Frage, wie lang kann ich denn ununterbrochen laufen, steigere ich meine persönliche Zielsetzung immer weiter. Zu wissen, dass ich 6 Tage mit sehr wenig Schlaf während meiner Deutschlanddurchquerung ausgekommen bin oder in 55 Tagen mit einem Schnitt von ca. 104 km pro Tag die Entfernung von 5735 km bewältigt habe, ist für mich total faszinierend.

So hat wohl jeder seine ganz individuellen Grenzen, und ich denke, es ist interessant zu wissen, wo sie liegen, gleichgültig ob bei 5 km, 42 km oder mehr.

Deshalb gibt es nichts Schöneres, als an einem Frühlingstag durch die Natur zu laufen. Versuchen Sie es einmal – das Glück kommt von selbst!

Achim Heukemes

Einführung

Traumläufer und Läuferträume

Vor einigen Jahren habe ich in einem Buch über die Kulturgeschichte des Laufsports von den unglaublichen Läufen des Norwegers Mensen Ernst gelesen.* 1832 lief er von Paris nach Moskau in 13 ½ Tagen, was bei einer Gesamtstrecke von rund 2640 km einem Tagesschnitt von etwa 195 km entsprach. Er lief alleine, ohne Betreuer, ohne Vorauskommando und ohne Presse. Belegt ist der Lauf dennoch durch Dokumente und damals durch den optischen Telegrafen.

Geschlafen hat Mensen Ernst auf dem Boden, dessen frischer Tau, wie er berichtete, ihn erquickte. Gegessen hat er nur wenig, dafür viel Rum getrunken. Als ehemaliger Seemann konnte er sich an den Sternen orientieren, um seinen Weg zu finden. Städte mied er, um keine Zeit zu verlieren. Sorgen bereiteten ihm nur die Wölfe und der Nachschub an Rum.

Auslöser dieser unvorstellbaren Leistung war eine Wette zwischen wohlhabenden Engländern und Franzosen um 100 000 Francs. Für Mensen Ernst fielen 4000 Francs ab, inklusive der Verpflegung und aller anderen Unkosten.

Das klingt nach einem archaisch-aristokratischen Vorläufer von «Wetten, dass ...», allerdings ohne Publikum, ohne multimediales Daumendrücken, nur zur Belustigung einiger weniger.

Dennoch ist der Protagonist auf seine Kosten gekommen. Laufen war damals ein Beruf: sei es als Vorläufer und Statussymbol vor der herzoglichen Kutsche, sei es als Eilbote oder als zirzensische Attraktion auf den Jahrmärkten und in den Städten. Wettläufe gegen Pferde wurden dort veranstaltet oder Strecken abgesteckt und versprochen, diese in einer bestimmten Zeit zu durchlaufen.

Vom Laufen als Bewegung der Massen zu Zwecken des Vergleichs oder Förderung der Gesundheit war noch nicht die

* Oettermann, Stephan: Läufer und Vorläufer, Frankfurt 1984

Rede. Laufen galt als eine Kunst, deren Ausübung nur Einzelnen vorbehalten war.

Mensen Ernst war einer dieser Berufs- und Kunstläufer. Nach Ende seiner Seemannszeit durchlief er die Länder Europas und Asiens nach Lust und Laune. Wann und wo immer er Geld brauchte, veranstaltete er als «lebendiges Perpetuum mobile» große und kleine Schaulaufen, zuweilen auch auf Stelzen, zu denen die Massen strömten.

Aber er war noch mehr. Er war ein Abenteurer, ein Individualist, unvorstellbar mutig, unabhängig und frei, ein medizinisches und sportliches Phänomen und ein geborener Läufer.

Sein zweiter großer Lauf führte ihn 1833 von München nach Nauplia in Griechenland über Pässe, Umwege und Verhaftungen. Damals wurde die Strecke auf etwa 3480 km geschätzt, wofür er mit allen Verzögerungen circa 25 Tage brauchte und von König Otto 1000 Gulden erhielt.

Den spektakulärsten Distanzlauf vollbrachte Mensen Ernst 1836. Er brauchte 59 Tage reine Laufzeit für die etwa 8400 km zwischen Konstantinopel und Kalkutta und wieder zurück. Um diese Leistung richtig ermessen zu können, ist ein Blick in den Atlas aufschlussreich, wissend, dass es solche Karten damals nicht gab, die Zeit für einsame Läufer nicht gerade sicher und die Telekommunikation noch weit war. Niemand hatte eine solche Reise bis dahin unternommen. Ernsts Ausrüstung bestand aus einem Kompass, einem Quadranten und ein paar unzuverlässigen Landkarten. Hintergrund war wieder eine Wette spleeniger Engländer, kombiniert mit dem Bedürfnis, einen Brief nebst Antwortschreiben möglichst rasch transportieren zu lassen.

1843 starb Mensen Ernst mit 44 Jahren auf der laufenden Suche, im Auftrag des Fürsten Pückler-Muskau, nach den Quellen des Nils in Oberägypten. Entdeckt wurden sie erst 20 Jahre später.

Dieses Läuferleben hat mich fasziniert. Da lief einer, ohne je richtig anzuhalten, durch die Welt und durch sein Leben. Vielleicht lief er, um zu leben, um zu überleben. Vielleicht lief er nur so, nur um zu laufen. Auf jeden Fall konnte er davon leben und hat einen Lebensweg gefunden, der seinen Bedürfnissen und Fähigkeiten entsprach. Von nichts ließ er sich aufhalten und kam aus buchstäblich eigener Kraft und ohne jegliche Hilfsmittel hin, wo immer er hin wollte. Aus heutiger Sicht ist sein Leistungsvermögen in jeder Hinsicht schwer nachvollziehbar.

Laufen kennen die einen nur als leistungsorientierten Sport oder Gesundheitsbewegung, die sich entweder im Kreis vollzieht oder über angenehme Waldwege führt und normalerweise für die allermeisten keinesfalls länger als eine Stunde dauert. Die anderen sehen Laufen als mediale Show und eine ihnen fremde Weise der Fortbewegung. Laufen findet hauptsächlich, wenn überhaupt, in einem festen Rahmen statt. Es hat eine Form bekommen, und die Form wurde zum Inhalt.

Jeder Volks- oder wie auch immer Lauf ist zu einer durchorganisierten, möglichst cross-medialen Werbe- und Verkaufsveranstaltung geworden. Auch die gesundheitsorientierten Bewegungen sind entweder in Programme verpackt und geraten oft zur lästigen und damit weniger erfolgreichen Pflicht oder werden zu teuren Wohlfühl-Wochen aufgeblasen, deren Wirken nur wenigen zugute kommen kann und soll. Falsche Versprechungen über ewige Jugend und ähnliche Wunder tun ein Übriges. Unnötige Misserfolge und Motivationsdefizite sind programmiert. Laufen ist paradoxerweise zu etwas geworden, genauer: gemacht worden, was erst erlernt werden muss.

Das Ursprüngliche, das Selbstverständliche, der individuelle persönliche Ausdruck des Laufens drohen verloren zu gehen oder sind es schon und mittlerweile auch der Glaube an die Fähigkeiten an sich, obgleich wir doch die geborenen Laufwesen sind.

Statt sich zu spüren und loszulassen wird gemessen und optimiert. Statt sich zu bewegen und zu finden, wird Leistung betrieben und hinter etwas oder jemandem hergerannt. Statt «ich will» gilt «du musst» und über allem schwebt entweder Beschleunigung oder ein schlechtes Gewissen.

Wer läuft heute schon einfach los, ohne nicht vorher mindestens zwei Bücher gelesen, spezielle Kleidung gekauft und sich durch Messgeräte normiert zu haben? Wer läuft einfach nur aus Spaß, aus Lust an der Bewegung, aus einem natürlichen inneren Antrieb? Da tut es gut, von Vorläufern wie Mensen Ernst zu hören, lief er auch noch so jenseits unseres Vorstellungsvermögens.

Eine solche Leistung aus dem Jenseitigen zu holen und für Läufer und Nicht-Läufer verständlicher und realistischer zu machen ist ein Anliegen dieses Buches. Denn es gibt sie immer noch, die Mensen Ernsts, die unglaublichen Dauer- und Distanzläufer, die Länder und Kontinente durchqueren, die einfach laufen, 100 oder 150 km am Tag und das wochenlang, bei jedem Wetter, durch Gebirge und Täler, auf Straßen und Wegen.

Es gibt sicher nur eine Hand voll solcher Läufer auf der Welt, die das extreme, lange, Länder durchquerende Laufen auf hohem Leistungsniveau wollen, können, aushalten und überhaupt durchführen.

Einer von ihnen ist Achim Heukemes.

Zufällig habe ich ihn kennen gelernt, nachdem ich ab und an in der Zeitung von ihm gelesen hatte. Ich war erstaunt, welch weiches, fast verletzliches Wesen sich trotz aller Wildheit und Kraft in ihm verbarg. Nach einigen Gesprächen war mir klar: Achim Heukemes ist ein außergewöhnlicher Läufer und ein außergewöhnlicher Mensch.

Ein Mensch wie du und ich und doch ganz anders. Einer, der wirklich herausfinden will, wo seine Grenzen sind, und doch die überschaubare Ordnung seines Wohnzimmers braucht. Einer, der sich Träume verwirklicht und doch an seine Rente denkt. Ein Extremläufer von Weltklasse, der bescheiden und unauffällig lebt. Einer, der abseits der Massenbewegungen läuft und doch die Massen sucht. Einer, der unvorstellbare Laufleistungen vollbringt und doch einfach nur läuft.

Wie geht das alles zusammen? Das wollte ich genauer wissen, als Läufer, als Psychologe und als einer, der sich über das Laufen in seiner ganzheitlichen, ursprünglichen und leistungsfreien Form Gedanken gemacht hat.*

Laufen, vor allem bewusstes Laufen ist für mich eine dem Menschen eingeschriebene Weise des Seins. Fast jedem ist es möglich, in langsamem Tempo sich laufen zu lassen, das zu genießen und seine persönliche innere und äußere Haltung dafür und darin zu finden.

Und nun durfte ich Achim Heukemes erleben, der so ähnlich dachte und auch so lief. Er teilt meine Vorstellungen vom natürlichen Laufen ohne fixe Programme, dem «In-sich-Hineinhorchen» ohne irgendwelche Messgeräte, und er verwirklicht das Zusammenspiel von Körper und Geist.

Das Bemerkenswerte jedoch ist: Er läuft so, wie ich mir das für jeden wünschte, nicht nur in der sehenswerten Harmonie seiner Bewegungen, sondern auch mit der entsprechenden inneren Einstellung, und er tut dies auf hohem, auf sehr hohem, auf Weltklasseniveau für Ausdauerleistungen.

Seine außergewöhnlichen, unglaublichen Läufe sind für mich nachvollziehbar. Das Außergewöhnliche und das Normale im Läufer Heukemes möchte ich zeigen.

Irgendwie sind wir alle Läufer, wenn wir es nur richtig wollten. Achim Heukemes zeigt uns, was noch nötig ist, um ein besonderer Läufer zu sein.

Das, was er sich an Wissen erlaufen hat, hat er auch auf sein Leben übertragen. In ihm sind Erfahrung und Erkenntnis zu Weltklasse und Weisheit geronnen. Er lebt und läuft nicht aus

* Meyer, Ulfilas: Happy Running – Lauflust. Die 7 Weisheiten des Laufens. Reinbek 2002

Lehrbüchern, sondern authentisch und direkt. Auch darin können wir von ihm lernen.

Ich habe es getan, und ich danke ihm für sein Vertrauen, seine Offenheit und seine Verlässlichkeit, ohne die ich dieses Buch nicht hätte schreiben können.

Name: Achim Heukemes
Beruf: Läufer
Aus dem Innenleben einer Laufmaschine

Ein Interview

In diesem Buch finden Sie einige Passagen mit Interviews. Um Achim Heukemes möglichst authentisch zu Wort kommen zu lassen und seinen Charakter nicht zu überdecken, sind die Texte nur wenig verändert.

Wie sieht dein normaler Arbeitstag aus?
Aufstehen um ca. 7 Uhr. Wenn ich eine lange Trainingseinheit mache, frühstücke ich vorher, wenn ich eine kurze mache, trinke ich nur was. Das ist wichtig. Ich trinke auf jeden Fall, nehme meine Mineralien zu mir, esse 2 Äpfel und 1 Banane und gehe dann Laufen. Ich frühstücke dann nach dem Laufen. Dann mache ich eine kurze Pause, erledige Sachen, die ich zu erledigen habe, und mache sehr wahrscheinlich auch 1 Stunde Ruhe. Dann gehe ich zum zweiten Training. Wenn ich das abgeschlossen habe, kommt Gymnastik dazu, und dann kommt das Abendprogramm. Das Abendprogramm besteht daraus, eine gute Nahrung zu mir zu nehmen. Ich verbringe den Abend wie Millionen Deutsche auch. Ein bisschen Fernseh gucken, mal ein bisschen lesen und so weiter.
Was gehört alles neben dem Laufen zu deinen beruflichen Pflichten?
Erstens ist es die Geldbesorgung, Sponsorenbesorgung, dann, sich neue Events, also Höchstleistungen auszudenken. Dazu kommen: Terminplanung machen, Geschäftsgespräche führen, auf Veranstaltungen gehen, sich präsentieren, Autogrammstunden geben und so weiter. Dann gehört neben dem Laufen und dem anderen natürlich noch dazu, sich zu zeigen in der Öffentlichkeit, Termine wahrzunehmen und einfach noch Kontakte aufzubauen, um noch bekannter zu werden, Fernsehauftritte, Pressekontakte und Ähnliches.

Wie viel Stunden sind das pro Woche, grob geschätzt?
Wenn man mal einen Schnitt nimmt, kommen vielleicht 3 Stunden zusammen.
Was würdest du sagen, auf was musst du in deinem Beruf besonders achten? Was fällt dir da so spontan ein?
Wichtig ist, dass ich mich nicht verletze. Weil man in meinem Alter – 50 plus sage ich immer – Verletzungen natürlich nicht mehr so schnell ausheilen kann. Ich muss auch im Vorfeld darauf achten, dass ich keine Sehnenentzündungen kriege und keine anderen Sachen. Da muss man unheimlich drauf achten. Ich darf mich nicht groß verletzen und muss natürlich gesund leben. Das ist die wichtigste Voraussetzung.
Gibt es viel Konkurrenz in deinem Beruf?
Konkurrenz belebt das Geschäft, und es kommen immer wieder welche dazu. Dieses Jahr ist wieder einer gekommen, der 5000 km super gelaufen ist. Es ist nicht so wie in der Marathon-Szene, wo sich Hunderte tummeln, die alle unter 2:10 laufen. Bei uns ist die Auswahl mehr handverlesen. Es gibt 10 ungefähr in der Welt, die diese Distanzen laufen, die ich mache.
Könntest du auch arbeitslos werden?
Ja, wenn ich keine Sponsoren mehr habe. Dann bin ich aber nicht arbeitslos.
In deinem Beruf wärst du dann arbeitslos.
Ja, ich kriege aber keine Arbeitslosenunterstützung. Man steht dann quasi auf der Straße. Arbeitslosenunterstützung kriegt man erst, wenn man 1 Jahr wieder normal gearbeitet hat. Ich müsste also, wenn ich jetzt keine Sponsoren mehr hätte und kein Geld mehr käme, schauen, dass ich irgendwo einen Job kriege, und das ist halt schwer in der jetzigen Lage.
Das ist keine gemeldete Arbeit, was du machst?
Ich bin freiberuflich. Ich habe eine eigene Firma.
Was gefällt dir an deinem Beruf?
Die Freiheit.

Was gefällt dir nicht so an deinem Beruf?

Dass man oft betteln muss.

Kannst du diesen Beruf jungen Läufern empfehlen?

Wenn sie einen Hang haben, sich zu quälen, ja. Oder wenn sie bereit sind, dafür alles zu geben.

Was sollten sie denn außer Laufen noch alles können?

Die Einstellung vor allen Dingen mitbringen. Die Einstellung, dass man nicht um 17.00 Uhr Schluss hat, sondern eben auch Samstag und Sonntag arbeiten muss, auf Wettkämpfe fahren muss und dass man auf der anderen Seite wieder sehr viel zurückführt, dass man auch geben muss. Und dass man das mit der Familie abspricht, wenn man Familie hat. Wenn man ständig unter Druck ist, sollte man das lassen. Dann kommt nachher auch keine Leistung heraus.

Wie ist der Kontakt zu Kollegen?

An und für sich gut. Es gibt natürlich im Beruflichen und im Sportlichen Neider und solche, die sagen, Mensch, das ist super, was du machst. Das ist überall so.

Nach welchen Gesichtspunkten suchst du deine Wettkämpfe und Laufprojekte aus?

Ich suche mir meine Läufe, meine Events, danach aus, dass sie für Presse und Fernsehen attraktiv sind. Nur Rekorde zählen heute noch in Presse und Medien. Bei allem anderen kriegt man kein Fernseh-Team und bekommt auch keine Presse-Resonanz. Wenn ich sage, ich laufe auf deutschen Rekord, dann reagieren die nicht. Das ist halt so. Man muss immer sagen, man will diesen absoluten Weltrekord laufen. Nur dann springen Presse und Medien an.

Gibt es Pflicht-Veranstaltungen für dich?

Ja, das sind deutsche Meisterschaften und mit dem National-Team entweder Europameisterschaften oder Weltmeisterschaften.

Was ist der Ausgleichsport für einen Berufsläufer?

Für mich immer nur Radfahren, weil ich nicht so eine Wasserratte bin. Ich mache auch längere Fahrradtouren. Da kommt's nicht auf die Geschwindigkeit an, sondern lieber länger gleichmäßig schön radeln.

Wie erstellst du deine Trainingspläne? Hilf dir dabei jemand?

Die mache ich alleine. Ich analysiere immer die letzten von dem Jahr davor. Wie sind sie angekommen, wie bin ich gelaufen. Wenn ich an dieses Jahr denke, dieses Jahr bin ich nicht so gut gelaufen. Ich habe dieses Jahr im Training, im Aufbau-Training was falsch gemacht. Das analysiere ich dann und schau, wo die Fehler lagen, und versuche natürlich, für das nächste Jahr diese Fehler nicht zu machen, und stelle das Trainingsprogramm dann um. Das mache ich alles selber.

Trainierst du bei jedem Wetter?

Bei jedem.

Welches Wetter ist dir am liebsten?

Jedes Wetter hat seine schönen Seiten. Ich laufe gern bei Sonne, das ist schön, ich laufe auch gern mal bei Regen, das ist auch schön, und ich laufe auch gern im Winter, wenn Schnee liegt, bei trockener Kälte, das ist auch ein ganz tolles Gefühl.

Trinkst du beim Training?

Es kommt auf die Distanzen an. Wenn ich einen Halb-Marathon trainiere, dann brauche ich nichts zu trinken. Dann trinke ich vorher und nachher. Wenn ich aber einen Marathon laufe im Training oder 50 oder 60 km, nehme ich mir natürlich auch was zu trinken mit, das ist ganz wichtig.

Wie oft im Jahr gehst du zum Arzt?

Zweimal. Einmal im Frühjahr eine komplette Analyse, also Bluttest usw., und im Herbst.

Gibt es noch etwas, mit dem du speziell für deine Gesundheit sorgst? Also über das normale Maß hinaus?

Ich achte einfach ein bisschen auf die Ernährung. Ich würde

keine Wurst im Supermarkt kaufen, auch kein Fleisch. Wir haben uns angewöhnt, Nahrung zu kaufen entweder von Bauernhöfen oder aus der Region, wo der Weg kurz ist. Ich brauche keine Äpfel aus Australien, die schon 3 Monate unterwegs sind. Ich nehme Äpfel aus unserer Region, da weiß ich, die sind gestern gepflückt worden und morgen kann ich sie essen.

Kontrollierst du deinen Puls?

Ja. Meinen Ruhe-Puls morgens.

Wie hoch ist dein Ruhe-Puls?

Wenn ich gut trainiert bin, dann liegt er zwischen 38 und 40.

Und wie hoch ist dein Maximal-Puls?

Laut der letzten Leistungsdiagnose: 176.

Und in welchem Pulsbereich läufst du im Training?

Da gibt es zwei verschiedene oder sogar drei verschiedene. Wenn ich im Fett-Stoffwechsel laufe, das heißt, ruhiger Lauf, ist mein Puls zwischen 125 und 137, und das ist ein Stundenschnitt von 10,4 km. Dann kommt die erste Kraftausdauer. Das ist etwas schneller, da laufe ich einen Puls von 137 bis 153, das sind dann schon 12,2 km in der Stunde. Und dann kommt das Schnelligkeits-Training, also die Kraftausdauer 2, das ist dann schon 153 bis 163, und da laufe ich 13,4 km pro Stunde. Und dann kommt noch, wenn man mal auf die Bahn geht, diese anaerobe Schwelle, wo ich dann von 163 bis quasi zum roten Punkt gehe.

Wie groß bist du und wie viel wiegst du?

Ich bin 1,78 m und wiege 65 kg – Normalgewicht.

Achtest du darauf, dass dein Gewicht stabil bleibt?

Ja. Vor großen Wettkämpfen versuche ich sogar 1 bis 2 kg mehr zu bekommen. Also nicht so wie die Marathon-Läufer, die versuchen noch 1 kg abzuzwacken. Ich brauche ja für den Ausdauerbereich nachher Fettreserven, auf die der Körper zurückgreift. Da versuche ich bei großen 48-Stunden-Läufen oder 6-Tage-Rennen mir immer 2 kg eine Woche vorher anzufuttern.

Wie viel Stunden schläfst du normalerweise?

Ich versuche immer zwischen 7 und 8 Stunden zu schlafen. Das ist ganz wichtig. Das ist auch Biorhythmus, das braucht der Körper. Ich versuche auch, nicht so spät ins Bett zu gehen. Also 11 Uhr.

Wie viel Stunden am Tag läufst du?

Das ist verschieden. Manchmal sind es 3, manchmal sind es 5. Manchmal sind es auch 6, wenn ich noch eine Fahrradtour mache. Das ist ganz verschieden. Wenn man einen Schnitt nimmt, sind es auf jeden Fall 3–4 Stunden am Tag.

Läufst du mehrmals am Tag?

Das ist auch wieder verschieden. Manchmal laufe ich eine lange Einheit am Tag. Das sind 3–4 Stunden. Wenn ich zwei Einheiten mache, dann ist es sozusagen die Hälfte, entweder 2 vormittags und 2 nachmittags plus, wenn schönes Wetter ist, eine Fahrradtour dazu.

Was übst du noch außer laufen?

Gymnastik, leichtes Kraft-Training. Ich darf ja keinen Muskelaufbau betreiben. Muskeln brauchen Sauerstoff, und den brauche ich für was anderes. Allerdings sollte der Körper komplett muskulär geübt sein.

Wie wird man Dauerläufer?

Indem man sich auf längere Strecken begibt, die länger als Marathon sind.

Was sind die Voraussetzungen dazu?

Dass man gesund ist, dass man orthopädisch vor allen Dingen gesund ist und keine Fuß-Fehlstellungen hat. Das ist ganz wichtig bei Ausdauerläufern oder sagen wir mal bei Läufen in den Bereichen über mehrere Tage. Da sollte orthopädisch alles stimmen, überhaupt gesundheitlich alles. Der starke Wille gehört noch dazu.

Braucht man dazu eine spezielle Begabung?

Nein. Die Begabung hatte ich auch nicht. Die wird auch keinem angeboren, die muss man sich erarbeiten. Wie man sich alles im Leben erarbeiten muss, muss man sich dieses auch erarbeiten, und es wächst mit den Jahren. Man wird Ultra-Läufer oder Extrem-Sportler erst mit den Jahren.

Reicht also fleißiges Training?

Es ist die Voraussetzung, um was Außergewöhnliches zu schaffen, aber es reicht nicht nur das Training. Bei langen Läufen oder bei Läufen über mehrere Tage ist die mentale Stärke entscheidend. Auf mehreren Tagen stellen sich auch mehr Probleme in den Weg als auf 2 $^1/_2$ Stunden oder 3 Stunden Marathon.

Was sagst du, wenn du nach deinem Beruf gefragt wirst?

Es ist ein schöner Beruf, den ich jetzt ausübe. Ich habe Anfangszeiten und Schlusszeiten, die ich mir selber aussuchen kann. Die nicht laut Stempeluhr vorgeschrieben sind. Ich kann mir den Tag selber einteilen, das ist natürlich das Beste, was es gibt.

Und wie bezeichnest du den Beruf, wenn dich jemand fragt?

Ich bin Extrem-Sportler oder ja, einfach Berufssportler.

Bildest du dich fort? Ist es möglich, dass du dich fortbildest in diesem Beruf?

Ich lerne natürlich durch die Wettkämpfe. Durch die Siege nicht so, mehr durch die Niederlagen. Man lernt mehr durch Niederlagen. Alles, was ich an Erfahrungen in einem Jahr sammele – negativ und positiv –, werte ich Ende des Jahres aus und versuche, für das nächste Jahr noch besser zu werden.

Ist es auch nötig, dass du spezielle Dinge liest?

Kommt drauf an. Ich lese z. B. gern Reinhold Messners Bücher oder überhaupt von Menschen, die sich auch in Grenzsituationen befinden. Ob es Bergsteiger, ob es Kletterer sind oder Tiefseetaucher, also solche Taucher, die auf 170 m mit einem Atemzug runtergehen. Das sind alles welche, von denen man viel lernen kann, obwohl es eine andere Sportart ist. Die müssen auch mental sehr viel arbeiten.

Gibt es ein geregeltes Arbeitsverhältnis?

Nein. Ich muss schauen, dass ich für die Sponsoren dieses und jenes mache, dass ich halt oft in der Presse bin, oft im Fernsehen, dass der Schriftzug des Sponsors oft zu lesen ist. Das wird Ende des Jahres ausgewertet, und dann sagt der Sponsor, gut, das hat uns gefallen. Wir unterstützen Sie nächstes Jahr wieder. Es ist aber immer eine reine Ein-Jahres-Entscheidung.

Arbeitest du auch am Wochenende?

Das ist eben das, was mich unterscheidet vom normalen Berufsleben. Ich arbeite 7 Tage die Woche und kenne auch keine Feiertage. Die kriege ich auch nicht bezahlt. Und wenn ich krank bin, kriege ich auch kein Krankengeld. Das ist der Unterschied. Ich kriege auch kein Weihnachtsgeld und auch kein Urlaubsgeld. Das sind halt die negativen Seiten, wenn man freiberuflich ist. Aber dafür habe ich dieses freie Leben, was ich selber bestimmen kann.

Wie lang sind deine Ferien?

Man kann sagen, 4 Wochen, in denen laufe ich nicht.

Wer zahlt deine Kranken- und Rentenversicherung?

Die zahle ich selber.

Sind deine Verträge leistungsabhängig, oder gibt es ein festes Einkommen?

Sie sind ein bisschen leistungsbezogen. Ich schlage zwei Events im Jahr vor, die darauf hinauslaufen, dass es Weltbestleistungen werden. Wenn ich die aber nicht schaffen sollte, ist es auch nicht so schlimm. Wichtig ist für den Sponsor, dass Presse und Fernsehen da waren. Man kann nicht immer Rekorde vorplanen. Man kann sie angehen – manchmal klappen sie und manchmal nicht.

Das heißt, du kriegst ein festes Einkommen oder kein festes Einkommen?

Man handelt diesen Preis aus für dieses Jahr, und das bekomme ich. Das ist so viel, das man da gerade von leben kann.

Wie lange gelten die Verträge?

Immer ein Jahr.

Was wird von dir erwartet?

Erwartet wird, dass ich mit meinen sportlichen Leistungen in Presse und TV bin und dass ich hier und da eine Meisterschaft erringe, entweder eine deutsche oder mit dem National-Team irgendwas erreiche, und dass ich irgendwann mal – also es sollte schon alle 2 Jahre einmal passieren – eine Weltbestleistung aufstelle. Das habe ich bis jetzt immer eingehalten.

Wird deine Arbeit kontrolliert?

Die wird dadurch kontrolliert, was ich schaffe. Das Ergebnis ist dann die Kontrolle. Es gibt keine Kontrolle in dem Sinne, dass mich täglich einer kontrolliert. Wenn ich nichts schaffe, dann wissen auch die Sponsoren, ich hab nichts getan. Wenn ich gute Ergebnisse laufe, dann wissen die, der hat auch gut gearbeitet. Das ist die Kontrolle.

Das heißt aber, du bist in der Ausübung deines Berufes völlig frei?

Frei, ja, ob ich 3 Stunden trainiere oder 5, das bleibt mir überlassen.

Wie findest du deine Arbeitgeber?

Ich suche mir einfach Sponsoren aus, die zu mir passen. Mineralstoffe, Schuhe, Laufschuhe, Laufbekleidung, alles, was zum Laufen gehört, passt auch gut zu mir.

Du sprichst die Sponsoren an?

Ich suche mir Firmen raus und denke, die würden von der Werbung her, die man im Jahr sieht, zu mir passen. Dann mache ich eine Bewerbungsmappe mit Bildern über das, was ich erreicht habe. Dann warte ich auf die Antwort, meistens negativ.

Hast du Berater?

Nein. Ich entscheide und suche auch die sportlichen Events alle selber aus. Das ist das, worauf ich auch ein bisschen Wert lege, dass ich das alleine mache.

Gibt es ein Team, das dich betreut und das du bezahlst?
Ein Team in dem Sinne nicht. Auf den Touren, auf den langen Touren Europa, Deutschland und Hamburg sind immer 2 Personen bei mir. Erstmal meine Lebensgefährtin Eva und außer bei der Europatour unser gemeinsamer Lauf-Freund Helmut, der auch hier aus der Nähe ist. Der hilft uns mit, Sachen zu erledigen, die die Eva nicht alle schaffen kann.
Was machst du, wenn du keine Sponsoren mehr findest?
Dann muss ich gucken, dass ich noch ein zweites Standbein aufbaue in der Zeit, wo ich noch laufe und bekannt bin. Ich muss halt schauen, dass ich noch bekannter werde und dass ich irgendwie meine Erfahrungen weitergeben kann an die Leute, die diese Erfahrungen noch brauchen, also in Seminaren oder Vorlesungen oder wie auch immer. Da muss man schauen, dass in dieser Schiene noch ein bisschen mehr reinkommt, um damit noch ein bisschen Geld zu verdienen. Wenn nichts mehr klappt, dann muss ich halt wieder arbeiten gehen.
Das heißt, was du jetzt machst ist keine Arbeit?
Das ist auch Arbeit, aber Arbeit in dem Sinne, dass ich wieder einem normalen Berufsleben nachgehen müsste.
Was passiert, wenn du krank wirst?
Ich bin schon versichert. Ich müsste es halt auskurieren und könnte in dem Moment auch keine Leistung bringen. Gut, das kann man vielleicht ein paar Mal machen, nur Firmen sind natürlich darauf bedacht, so oft wie möglich mit sportlichen Leistungen von mir in die Zeitung zu kommen. Wenn ich krank bin, stehe ich nicht in der Zeitung. Wenn das einmal im Jahr passiert, dann ist das nicht so schlimm. Aber wenn das mehrere Jahre passiert, dann würde ich sagen, in einer Randsportart, wie ich sie betreibe, geht da nix mehr. Dann sind alle weg.
Wie lange kannst du diesen Beruf noch ausüben?
Ich sage immer, das ist nicht altersbedingt. Das geht, so lang man Lust darauf hat. Lust ist ganz wichtig, es muss einem Spaß

machen. Und wie lange man sich noch quälen kann, und wie lange man vor allen Dingen gesund bleibt, orthopädisch wie auch organisch. Das ist ganz wichtig, und die Voraussetzung muss man dadurch legen, dass man gesund lebt und auf seine Gesundheit noch mehr achtet als im normalen Berufsleben.

Wie wird deine Rentenzeit aussehen, oder gibt es für dich überhaupt so was wie eine Rentenzeit?

Ich bin ja auch schon 30 Jahre im Berufsleben gestanden, und da ist jetzt schon die Rente ausgerechnet worden. Ich weiß schon, was ich bekomme, und muss gucken, dass ich noch was draufverdiene, weil das nicht reicht.

Verdienst du mehr oder weniger als in deinem vorhergehenden Beruf als Schichtführer?

Erheblich weniger. Ich hatte einen 5000-Mark-Job und verdiene jetzt knapp die Hälfte, das ist schon ein Unterschied. Es gehört schon sehr viel Idealismus dazu, das zu machen. Ich sage mir immer, Freiheit und gewisse Sachen im Leben, die sind eben mit Geld nicht aufzuwiegen. Ich kann nicht sagen, ich verdiene jetzt weniger, denn ich bin dafür durch geistige Dinge und anderes reicher geworden.

Was musst du da so alles vorbereiten, wenn du so einen großen Lauf-Event planst?

Erstmal muss ich die Idee haben, dann muss ich mir den Ort aussuchen. Welcher Ort passt, wo sind viele Medien. Dann muss ich die Kontakte herstellen. Wenn ich eine Laufstrecke brauche, muss ich mir die Genehmigung von der Stadt holen und die Auflagen erfüllen. Ich muss mich um die Presse kümmern. Presse und Fernsehen werden dann von einem PR-Team, was für mich arbeitet, kontaktiert. Aber ich muss das alles selber ausarbeiten. Wie gestalte ich das Event, wann mache ich das überhaupt, wann passt es am besten. Ist ein schönes Wochenende drin, wo viele Zuschauer kommen können? Wie gestalten wir das Event? Machen wir einen Rundkurs wie z. B. in Hamburg um die Binnenalster, wo wir wissen, da sind unheimlich viele Leute, die man für diese Randsportart, dieses Ultra-Laufen begeistern kann.

Hast du noch Zeit für Hobbys?

Ja, Musik hören, Rockmusik. Ich bin ein unheimlicher Rock-Fan, weil ich ein Kind der 60er bin. Und diese Abenteuer-Bücher lesen, Extrem-Bücher lesen von anderen Sportlern, die Unmenschliches geleistet haben. Mich interessiert das, wie die das mental geschafft haben. Da ziehe ich mir sehr viel raus. Da ist mein absolutes Vorbild eben Reinhold Messner.

Was hast du noch für berufliche Ziele?

Es gibt noch einige Rekorde, die ich gerne brechen möchte, vor allen Dingen den Rekord der Rekorde überhaupt, diese 1000-Meilen. Jetzt habe ich nur die zweitbeste Zeit aller Zeiten, ich möchte gerne die absolute Zeit haben. Dann möchte ich einfach noch so lange laufen, wie ich das überhaupt noch ausführen kann. Nicht nur um Rekorde zu laufen, sondern einfach um zu zeigen, dass man auch wenn man 50 ist, eben nicht abgeschrieben werden sollte. Das ist so, dass in Deutschland alle, die 50 sind, an und für sich zum alten Eisen gehören und angeblich keine Leistung mehr bringen können. Da möchte ich Botschafter sein und zeigen: Hier, ich beherrsche noch alle, auch die, die 20 Jahre jünger sind. Auch den Leuten, die vielleicht einen Anstoß brauchen, zu sagen, ja, ich bin auch 52, und ihr könnt auch noch was leisten. Das ist so ein Denkanstoß, nicht nur im Sportlichen, auch im Beruflichen, wo wir ja als 50-Jährige abgeschoben werden. Einfach zeigen, hier, wir sind noch da, und wir können noch einiges!

Never give up! – Laufen extrem

Die Geburt des Läufers – Ein Silvesterlauf in Stoffschuhen

Der erste Lauf und gleichzeitig das erste Rennen von Achim Heukemes war ein Silvesterlauf in München über 10 km. Er war 33 Jahre alt und bis dahin nie in seinem Leben länger gelaufen. Zur Vorbereitung hatte er eine 2-Kilometer-Strecke ausprobiert.

Datum: 31.12.1984
Strecke: Stadtlauf in München
Länge: 10 km
Platzierung: 350.

LAUFCLUB
MITTENWALD
161

«So kam ich dann nach Mittenwald. Da habe ich dann ein Mädel kennen gelernt. Wie das so ist, wenn man neu hinkommt, lernt man als Erstes immer ein Mädel kennen. Und dieses Mädel hatte eine Freundin gehabt, und der Freund von der Freundin, der war Marathon-Läufer. Er hat dann gesagt, Mensch, Achim, du hast die ideale Figur. Bist du schon mal gelaufen? Bist du schon mal 10 km gelaufen? Hast du nicht mal Lust, in München einen Silvesterlauf zu machen, einfach als Gaudi, einfach mal 10 km. Das konnte ich mir gar nicht vorstellen. Irgendwie war es wieder so eine Herausforderung. Ich habe gesagt, ich mache mit. In so einem Norwegerpulli und mit Jogginghose. Und Kelly-Schuhe, die halbhohen, diese amerikanischen, die man früher immer getragen hat. Die gab es in Rot, Weiß, Schwarz, diese Stoffdinger. Die idealen Laufschuhe waren das. Und in denen bin ich dann zum Silvesterlauf. Ich weiß noch, es war Schneeregen und es waren 2 Runden à 5 km, und in der 2. Runde hat der Pulli schon bis an die Knie gehangen, weil der voll Wasser war. Der wurde dann immer schwerer. Aber irgendwie hat mir das Spaß gemacht, obwohl das unheimlich anstrengend war. Ich war noch nie so weit gelaufen, aber es war toll, mal wieder einen zu überholen und zu sehen, dass es dem noch schlechter geht als mir. Von 800 Teilnehmern habe ich direkt Platz 350 belegt. Dann hat der Marathonläufer gesagt, siehst du, ohne Training. Ich bin vorher 1 oder 2 km mal mit ihm gelaufen. Ich habe gesagt, das reicht. Er hat dann gesagt, wenn du ein bisschen was machst – dann kam dieser Satz –, wenn du noch ein bisschen was machst, dann kann aus dir noch was werden. Das ist mir irgendwie reingegangen. Wenn ich alltags so am Truck saß, dann habe ich gedacht, der hat gesagt, wenn ich noch ein bisschen was mache, könnte aus mir noch was werden. Das hat mir gefallen. Ich dachte, ich mache jetzt einfach mal ein paar Wettkämpfe. Ich habe nur am Wochenende ein bisschen trainiert, freitags, wenn ich kam, und samstags ein bisschen, und sonntags sind wir irgendwohin gefahren zum 10-km- oder 15-km-Lauf. Ja, mit dem war ich dann immer zusammen. So habe ich meine ersten Wettkämpfe gemacht, und ich wurde immer besser. Dann habe ich natürlich auch gemerkt, ich könnte unter der Woche noch ein bisschen was machen, Laufsachen mitnehmen, wenn ich in Italien bin. In Italien wird ja nicht so schnell gearbeitet, da habe ich 2 oder 3 Stunden Wartezeit und könnte eine Stunde laufen gehen. So habe ich das auch gemacht, wenn ich irgendwo am Zollhof stand. Das dauerte dann sowieso ewig, bis die die Papiere fertig hatten. Ich habe gesagt, hört mal, Jungs, ich bin jetzt 1 $^1/_2$ Stunden weg und komme dann wieder. Ja gut, Achim. Nachher kannten sie mich auch, gehst wieder laufen. Habe ich gesagt ja, ich gehe jetzt laufen ...»

Europadurchquerung – Vom Nordkap nach Sizilien in 55 Tagen

Auf der Suche nach seinen Grenzen und nach Leistungen, die noch niemand geschafft hat, durchquert Achim Heukemes, betreut von einem 2-köpfigen Team, im Jahr 2000 Europa von Nord nach Süd. Der Lauf vom Nordkap bis Sizilien führt ihn durch sechs Länder. Er läuft ca. 14-15 Stunden pro Tag inkl. Pausen, durch 16 Tage Dauerregen in Norwegen, über die Schweizer Alpen und bei 40 Grad in Italien. Für die 5735 km braucht er etwas mehr als 55 Tage und gehört nun zur Spitze der weltbesten Ultraläufer.

Datum: 1.7.- 25.8.2000

Strecke: Vom Nordkap in Norwegen bis nach Trapani, der Südspitze Siziliens

Länge: 5735 km

Laufzeit: 55 Tage 6 Std. 45 Min.

Tagesdurchschnitt: 103,74 km (inkl. Pausen)

Rekorde: Weltbestleistung

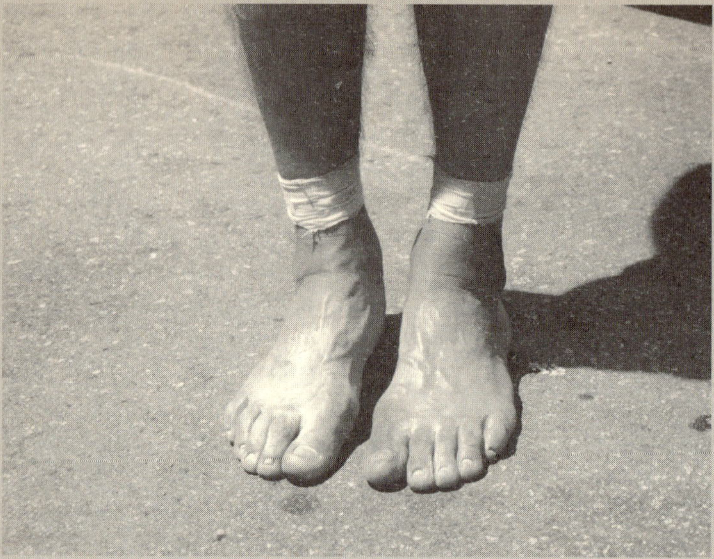

Auszüge aus Live-Telefoninterviews, die Achim Heukemes während des Laufes mit der Redaktion der Zeitschrift «Running pur» führte

20.6.2000:

«9 Tage bis zum Start. In den letzten Tagen ist das Chaos perfekt. Statt Erholung haste ich von einem Termin zum anderen, und nebenbei trainiere ich noch. Am Mittwochabend musste ich noch schnell zu SAT 1 nach Berlin fliegen, um am Donnerstagmorgen im Frühstücksfernsehen zu sein. Anschließend flog ich sofort zurück nach Nürnberg. Den Freitag und Samstag kaufte ich die restlichen Vorräte ein (bei 30 Grad Hitze) – abends war ich dann fix und fertig. Am Sonntag gönnte ich mir zum Ausgleich einen lockeren Marathon. Bis Mittwoch bin ich voll ausgebucht. Das heißt 6 Uhr laufen, dann Pressegespräch mit der dpa und zwei Fernsehteams zu Gast bei uns zu Hause (FF-Frankenfernsehen und NTV). Am Mittwoch gibt es dann eine große Verabschiedung mit dem Bürgermeister, Presse, Freunden und Nachbarn und dann nichts wie weg! Dies ist mein letzter Bericht aus Deutschland, es wird wohl etwas dauern, bis ich mich wieder melde. Schätze mal so um den 10./12. Juli, wenn alles klappt. Also immer mal reinschauen, ich werde euch nicht vergessen. Es grüßt euch ein letztes Mal aus Deutschland euer Go-for-Gold-Runner, Achim Heukemes.»

31.6.2000 (live vom Nordkap):

«Morgen um 9 Uhr geht's los! Nach einer mühseligen und anstrengenden 4000-Kilometer-Fahrt sind wir hier oben am Nordkap angekommen. Mühselig deshalb, weil wir zweimal eine Werkstatt anfahren mussten, in der wir einmal 24 Stunden verbrachten. Trotzdem haben wir die grandiose Landschaft Schwedens und Norwegens genossen. Schockiert sind wir allerdings von den hohen Preisen hier in Norwegen. Frisches Obst oder Salat ist fast unbezahlbar – gut, dass wir so viel Proviant mit dabeihaben. Ein kleines Beispiel: Ein Erdbeereis mit Sahne kostet umgerechnet 25 Mark, und für eine Fahrt mit unserem Wohnmobil durch einen sechs Kilometer langen Tunnel bezahlten wir 120 Mark! Heute Morgen haben wir noch Fernsehaufnahmen gemacht – bei 2 Grad Celsius! Wir sind fast erfroren ... Viele Grüße, ich melde mich in einer Woche wieder, Achim Heukemes.

Am Montag sind in Deutschland Fernsehberichte vom Start zu sehen: Im WDR (Aktuelle Stunde) um 19 Uhr, in der ARD morgens zwischen sechs und neun Uhr. Am Sonntag zeigt NTV um 18 Uhr einen Bericht.»

9.7.2000 (21:30 Uhr): Stolz meldet Heukemes vom Polarkreis, dass er nach neun Tagen und 14 Stunden seinen tausendsten Kilometer gelaufen ist. Trotz einiger Widrigkeiten gab er seine Laufleistung euphorisch durch, ist guter Dinge und hoch motiviert:

«Am Samstag, den 1. Juli, startete ich fast pünktlich bei frostigen 3 Grad Celsius und eisigem Wind um 9:30 Uhr. Bei dieser ersten Etappe spulte ich 235 Kilometer ab! Danach war ich 10 Stunden völlig platt. Aber keine Sorge, im Schnitt lief ich 110 Kilometer pro Tag. Es ist schwerer und anstrengender, als ich dachte: Zuerst mal spielt das Wetter schon seit sieben Tagen nicht mit: Täglich sechs bis sieben Stunden Dauerregen und eine stark befahrene Straße ohne Seitenstreifen machen meinen Nerven zu schaffen. Sagenhaft viele LKWs, Busse und Wohnmobile rauschen hier vorbei. Da heißt es stehen bleiben, festhalten und wieder weiter ... Ich bin froh, wenn ich da wieder heil rauskomme. Außerdem ist die Straße auf beiden Seiten geneigt, was meine Füße deutlich zu spüren bekommen: Blessuren an den Außenbändern sind die Folge. Auch hat es das Profil der Strecke in sich: Es geht über viele Hochflächen rauf und runter (ein 16 Kilometer langer Anstieg war dabei). Meine Fußballen werden dadurch öfters taub. Doch meine Crew hat alles im Griff und kümmert sich um meine beanspruchten Füße.

Das Wetter hat sich inzwischen gebessert, am Samstag und Sonntag fiel kein Regen mehr. Zum Glück bin ich ja wasserfest (eine lange Hose und eine dicke Regenjacke schützten mich zusätzlich) und habe mir trotz Dauerregen keine Erkältung eingefangen.

Heute um 15 Uhr haben wir den Polarkreis überschritten!

Bis nächste Woche, Achim Heukemes!»

Erste Etappe am 1. Juli: 235 Kilometer, alle weiteren Etappen bis 9. Juli: 110 Kilometer durchschnittlich.
Kilometerleistung am 9. Juli: 1000 km in 9 Tagen und 14 Stunden.

18.7.20002 (21:00 Uhr): Achim Heukemes ist nicht zu bremsen. Seine Laune scheint mit jedem gelaufenen Kilometer zu steigen, und er liegt auch voll im Zeitplan: Am Dienstag-

morgen (18.7.) hat er um 7 Uhr die Grenze von Norwegen nach Schweden überschritten. Seit dem 1.7. spulte der Extremläufer 1600 Kilometer in 14 Tagen und 12 Stunden ab und wird heute (19.7.) 2000 Kilometer hinter sich haben.

«Heute Morgen um 7 Uhr habe ich die Grenze zu Schweden passiert. 100 Meter vor der Grenze stellte ich meinen Laufschritt in den Gehschritt um, um diesen Moment auskosten zu können. ‹Tschüss, Norwegen, du hast mich nicht geschafft›, waren meine triumphierenden Worte. Norwegen brachte mir wirklich kein Glück. Nur an anderthalb Tagen schien die Sonne, ansonsten lief ich ständig durch Dauerregen und das auch noch auf der stark befahrenen Landstraße. Meine Füße sind durch die ständige Nässe regelrecht aufgeweicht und porös. Doch Crew-Mitglied Ralf kümmert sich um die Blessuren, sodass es meinen Füßen zunehmend besser geht. Jetzt, da ich Norwegen hinter mir habe, bin ich lockerer geworden. Schlimmer kann's ja nicht werden ...

Heute war ein Super-Tag. Das Wetter spielte mit (20 Grad Celsius) und was meine Laune zusätzlich hebt: Morgen fällt das erste Drittel meiner Strecke. Ich werde dann 2000 Kilometer in rund 18 Tagen und 7 Stunden gelaufen haben! Das ist gleichzeitig meine erste Etappe in Schweden nach Göteborg, wo mich ein Pressetermin mit den Göteborger Nachrichten erwartet. Von dort geht's weiter nach Puttgarden, wo ich nächste Woche Dienstag deutschen Boden erreichen werde. Mein Zeitplan geht voll auf: Vor dem Mittag laufe ich 60 bis 65 Kilometer, nachmittags dann 45 Kilometer. Die Gourmetküche meiner Lebensgefährtin und Crewmitglied Eva ist täglich von 5 bis 21 Uhr geöffnet – ich bin bestens versorgt.

Was meinen Rekordversuch angeht, so kommt es – auch nach Rücksprache mit dem DLV – nicht auf einen Tag mehr an. Ob ich nun 55 Tage für die Strecke von 6100 Kilometer benötige oder 56, spielt keine Rolle. Denn der Rekord, der in New York aufgestellt wurde, ist mit meinem Rekordversuch nicht zu vergleichen. Es müssten die gleichen Bedingungen, was die Strecke und die Höhenmeter betrifft, herrschen.

Wenn ich Deutschland erreicht habe, schicke ich der Redaktion running-pur den Chip der Digitalkamera zu, sodass bald ein paar Bilder von meiner Lauftour zu sehen sind! Bis dahin viele Grüße, Achim Heukemes.

P.S. Eine kleine Korrektur: Am 9.7. gab ich versehentlich eine falsche Laufleistung durch. Für den 1000. Kilometer benötigte ich nicht 9 Tage und 14 Stunden, sondern 8 Tage und 14 Stunden.»

Voraussichtliche Kilometerleistung am 19. Juli: 2000 km in 18 Tagen und 7 Stunden. (Den 1000. Kilometer erreichte Heukemes in 8 Tagen, 14 Stunden. 1600 Kilometer lief er in 14 Tagen, 12 Stunden.)

29.7.2000 (19:00 Uhr): Achim Heukemes ist in Hochstimmung. Denn heute hat er in 28 Tagen, 11 Stunden und 30 Minuten die 3000 Kilometer geschafft. Er ist jetzt noch rund 20 Kilometer von Osnabrück entfernt. Die Hälfte der Strecke ist fast geschafft!

«Seit wir in Puttgarden eingeschippert sind, verfolgen mich die Reporter. Es kommen Berichte im Fernsehen, Radio und in der Tagespresse. Der Einmarsch in Hamburg war einfach gigantisch. 20 Kilometer vor den Toren der Stadt begleitete mich ein Fahrradkurier durch das Straßengewirr. In der Stadt war dann die Hölle los. Vier Kamerateams (SAT 1, NDR, Deutsche Welle

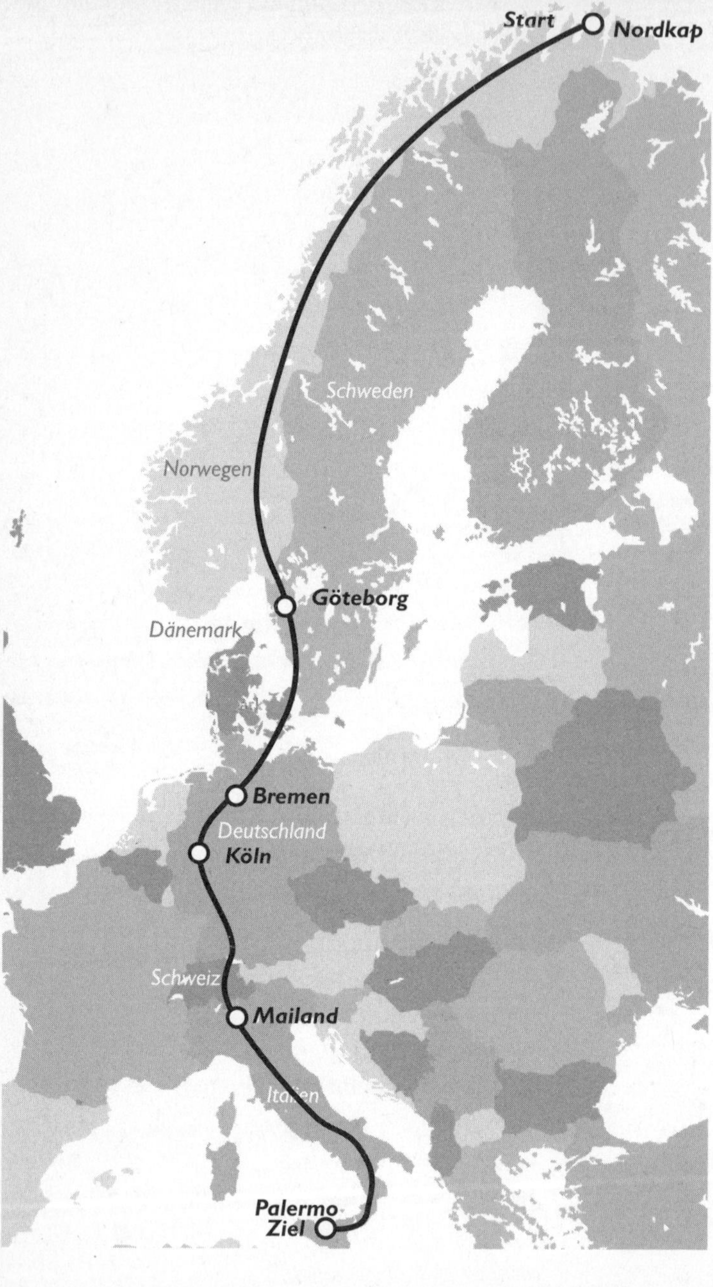
Start
Nordkap
Schweden
Norwegen
Göteborg
Dänemark
Bremen
Deutschland
Köln
Schweiz
Mailand
Palermo
Ziel

und NTV) umlagerten mich, nahmen sich gegenseitig auf – ein heilloses Durcheinander. Am selben Abend war ich noch im Studio bei SAT 1 zu einem Live-Interview eingeladen. Damit ich nicht aus der Übung komme, beantworte ich die Fragen auf dem Laufband dribbelnd, das hat echt Spaß gemacht. Danach ging's gleich weiter zu einem Pressemeeting auf der Binnenalster. Auf dem Schiff versammelten sich fünf Radiostationen und vier Fernsehstudios. Ich sage euch, so viele Mikrofone habe ich noch nie vor der Nase gehabt! Hamburg war die absolute Spitze, dachte ich bei mir, als wir uns abends aus Hamburg trollten.

Seit gestern haben wir mal wieder Regen, Regen, Regen ... und das über 11 Stunden. Zwei Kamerateams begleiteten mich, SAT 1 Bremen und Radio Bremen. Dort hatte ich wieder einen «Auftritt» – allerdings der besonderen Art. Nass wie ich war rannte ich vor laufenden Kameras durch das Studio Bremen, vorne rein und hinten wieder raus. Das war's dann auch schon. Zu allem Unglück wurde ich dann auch noch von einer Zecke «überfallen». Da ich sie nicht vollständig entfernen konnte, musste ich auch noch ins Krankenhaus, um die Reste herausmachen zu lassen. Das Ärzteteam empfing mich mit den Worten: «Sind Sie nicht der Europa-Läufer?» Tja, die Presse funktioniert. Ich hatte noch nie so einen lustigen Arztbesuch. Die drei Ärzte drückten mir ein Pflaster auf die Wunde, aber kein gewöhnliches, sondern mit deren Unterschriften drauf. Und damit jeder was davon hat, haben sie mir die Spritze gegen Wundstarrkrampf zu zweit, quasi im Duett, in den Hintern gejagt. Mann, das tat vielleicht weh.

Heute habe ich mal gutes Wetter erwischt. Allerdings war die Strecke stinklangweilig. Und das im wahrsten Sinne des Wortes. Hier reiht sich eine Schweinezuchtfarm an die andere ... Es stinkt überall, und es geht immer nur geradeaus. Nein, halt, in Diepholz legte ich mich in eine scharfe Rechtskurve.

Es ist schon verblüffend, wie schnell man in Deutschland

vorankommt. Kein Vergleich zu Norwegen, wo man erstmal um die Fjorde herumlaufen muss und von einer Hochfläche zur andern tigert. In Deutschland geht das ruckzuck, bald bin ich schon in der Schweiz!

Viele Grüße, Achim Heukemes»

Laufleistung: 3000 km in 28 Tagen, 11 Stunden und 30 Minuten

8.8.2000 (21:00 Uhr): Achim Heukemes meldet sich aus der Schweiz, vom höchsten Punkt seiner Etappe. Genau bei Kilometer 4000 erreichte er diesen Punkt auf 2165 Metern Höhe auf dem Grimselpass.

«Ich startete diese Bergetappe in Luzern. Den Brüningpass nutzte ich quasi als «Aufgalopp» zum Warmlaufen. Von dort ging's wieder runter, und dann stand der eigentliche Berglauf bevor: der Grimselpass von 622 Meter auf 2165 Meter. Das Wetter zeigte sich von der besten Seite, die Sonne begleitete mich fast bis oben. Im unteren Teil des Passes war die Steigung mit 7–8 Prozent recht human. Weiter ging's von Plateau zu Plateau. Die letzten vier Kilometer über Serpentinen waren dagegen kernig: 11 Prozent Steigung. Mir ging's prima, und beim Blick auf meine Uhr stellte ich fest, dass ich die 27 Kilometer und 1540 Höhenmeter unter drei Stunden schaffen könnte. Euphorisch zog ich auf den letzten zwei Kilometern das Tempo an. Haltet euch fest: In 2:58 Stunden erreichte ich den Gipfel! Dort verabschiedete sich die Sonne, der Himmel zog sich rasend schnell zu, der Gipfel war plötzlich nebelverhangen, und das Thermometer sank auf nur 10 Grad Celsius. Übrigens tat ich gut daran, mich gestern geschont zu haben. Denn ich hatte richtig schwere Beine, sodass ich nur locker vor mich hintrabte. Davon konnte ich heute profitieren, denn heute war ich richtig fit. Morgen geht's runter auf 400 Meter nach Brig/Schweiz. 58 Kilometer nur runter, das ist auf Deutsch gesagt ein beschissener Start ... Doch dann geht's wieder hoch: über 23 Kilometer auf 2005 Höhenmeter, zum Simplonpass und von dort wieder runter nach Gondo (855 Hm).

Jetzt möchte ich noch zwei persönliche Grüße loswerden: Von 2165 Metern Höhe Grüße an die Familie Müller im Ennepetal und an Federiko in Göteborg!»

Laufleistung: 4000 Kilometer in 38 Tagen, 11 Stunden und 33 Minuten

15.8.2000 (19:30 Uhr): Achim Heukemes meldet sich aus Italien vom Meer. Derzeit hat er 4500 Kilometer in den Beinen und macht Rast auf der Höhe von Rom.

«Jetzt haben wir uns ein Bier gegönnt, im Hintergrund lacht die Crew. Die Stimmung hier am Meer scheint gut. Kein Wunder, denn hier wimmelt es von italienischen Urlaubern. Heute Mittag haben wir zwei Stunden Rast gemacht und sind im salzigen Nass abgetaucht. Jetzt laufen wir abends länger, denn hier im sonnigen Italien braten Temperaturen um 35 Grad. Das schlaucht. Auch merke ich, dass ich 4500 Kilometer in den Beinen habe. Von den derzeit 13 Stunden laufen pro Tag muss ich mich jetzt mindestens drei Stunden richtig quälen. Der Akku wird eben über Nacht nicht mehr ganz voll.»

Derzeit pendelt das Gewicht von Achim Heukemes um 61 Kilogramm. Am Start hatte er noch 65 Kilogramm auf den Rippen.

18.8.2000 (20:30 Uhr): Achim Heukemes meldet sich vom südlichen Zipfel Italiens (kurz vor Kalabrien) und gibt stolz seine Kilometerleistung von 5000 Kilometern in 48 Tagen, 5 Stunden und 17 Minuten durch.

«Wir haben die 5000 Kilometer geschafft, ihr könnt mir gratulieren! Dankeschön! Heute übernachten wir in Lagonegro (rund 80 Kilometer südlich von Potenza). Wir kommen morgen durch den letzten Bergort und erreichen dann die Kalabrische Küste. Im Moment haben wir hier jeden Tag 35 bis 40 Grad Hitze. Deshalb schleppe ich mich mehr durch die Gegend. Doch ich schaffe mein Pensum – und das ist das Wichtigste – und bewege mich immer fort, und das Ziel rückt immer näher. Wenn wir erstmal Kalabrien erreicht haben, werden wir einigermaßen durchkommen, und den Rest schaffe ich dann auch noch – obwohl ich sagen muss, dass ich immer mehr geschlaucht bin durch die Hitze hier. Wir wollen aber nicht jammern, wir wollen ans Ziel kommen! Sonst geht's uns allen gut, und morgen ist der 50. Tag!»

Laufleistung: 5000 Kilometer in 48 Tagen, 5 Stunden und 17 Minuten

21.8.2000 (21:23 Uhr): Achim Heukemes hat «nur» noch vier Tage bis zum Ziel. «Nur» noch vier Tage? «Nur» noch 400 Kilometer? Das kleine Wörtchen «nur» zeigt, dass man schnell am wohltemperierten Arbeitsplatz vor dem PC-Schirm oder zu Hause im Arbeitszimmer den realistischen

Blick für die Dimensionen dieses Unternehmens verliert. Doch für Heukemes und seine Crew bedeuten diese «nur» noch vier Tage oder «nur» noch 400 Kilometer täglich 2,5 Marathons oder täglich mehr als 13 Stunden laufen. Und das bei unvorstellbaren 45 Grad im Schatten.

«Ich liebe die Wärme, doch wenn der Asphalt glüht, jeder Atemzug die Lungen verbrennt und kein Schatten Erholung verspricht, dann ist der Spaß vorbei», relativiert Heukemes seine Liebe zur Sonne. «Wenn dann noch, wie ich es die letzten 12 Tage bei meinem Trip durch Italien erlebt habe, die Sonne fast jeden halben Kilometer der Landstraße einen Kadaver röstet und die Müllberge Italiens gegen den Himmel stinken, dann ist das letzte Quäntchen Energiereserve schnell aufgebraucht. Als ich vor zwei Jahren zum Test durch Italien lief, war es Mai, der Verkehr erträglich. Jetzt aber sind alle Italiener in Ferieneuphorie und verstopfen die Straßen – und mir mit den Abgasen die Lunge. Habe ich noch vor einer Woche erzählt, dass ich am Tag drei Stunden leide, so muss ich eingestehen: Jetzt bin ich am Ende. Oder besser gesagt, mein Körper ist am Ende, jetzt bewegt mich nur noch mein Wille und Geist. Wir haben mittlerweile unseren Tagesrhythmus an die brutalen Bedingungen angepasst. Morgens vor dem zweiten Frühstück laufe ich 30 Kilometer, danach schleppe ich mich dem Mittag entgegen. Noch in Deutschland genügte mir eine Rast von einer Stunde, jetzt verziehen wir uns für drei Stunden an den Strand, den einzigen Ort, wo ein wenig kühle 35-Grad-Luft weht.

Das Blöde ist nur, ich kann jetzt kaum mehr was essen. Bei der Hitze bekomme ich meine dringend nötigen Nudeln nicht rein. Und von Salat alleine ... na ja ... jetzt bringe ich nur noch knapp 60 Kilogramm auf die Waage. Auch Eva und Ralf, meine Crew, sind am Limit. Im Wohnmobil herrschen ständig über 30 Grad. Selbst nachts wird's nicht kühler, jetzt (während des Telefoninterviews, 21:30 Uhr) zeigt das Thermometer noch 29,5 Grad Außentemperatur. Gestern ist uns der Kühlschrank im Wohnmobil abgetaut, die ganze Soße lief im Wohnmobil herum. Jetzt, wo ich das Ziel vor Augen habe, rührt mich ein wenig Wehmut, ich habe das ganze Unternehmen überhaupt noch nicht verarbeitet. Doch Zeit zum Setzenlassen bleibt mir in Trapani (dem Zielort in Sizilien) leider nicht. Ein harter Schnitt findet statt. Am Freitagnachmittag laufe ich dort ein und am darauf folgenden Samstagmorgen sitze ich schon im Flieger nach Köln zu diversen TV-Terminen.»

27.8.2000 (9:30 Uhr): «Ich hab's geschafft!» Mit diesen Worten meldete sich Achim Heukemes am Sonntagmorgen. Froh, der Hitze entronnen zu sein, befindet er sich bereits auf der Rückreise in die Heimat.

«In 55 Tagen, 6 Stunden und 45 Minuten bin ich 5735 Kilometer gelaufen. Als erster Mensch habe ich diese Distanz in solch einer Zeit geschafft. Ich bin total erleichtert, und mir geht's körperlich richtig gut. Obwohl die letzten Tage schon brutal waren. Mit der unerträglichen Hitze von 43 Grad – ich bin übersät mit Hitzepickeln – hatte ich schwer zu kämpfen. Kühle Getränke gab's unterwegs auch nicht mehr, denn der Kühlschrank im Wohnmobil hatte den Geist aufgegeben. Aber das Schlimmste war, dass das freie Kamerateam, das mich zum Ziel begleitete, einen Tag vor der Ankunft in Trapani einen schweren Unfall hatte. Ein LKW fuhr von hinten auf ihr Fahrzeug auf. Ein Kameramann wurde gleich nach Deutschland geflogen, der andere machte mit schweren Schulterverletzungen trotzdem weiter, um meinen Zieleinlauf zu filmen. Zuvor musste jedoch erst in Palermo eine neue Kamera besorgt werden. Am Freitag, den 25.8., kam ich mittags in Trapani an, und mein erster Gedanke im Ziel war, dass ich am Nachmittag nicht mehr auf dem heißen Asphalt laufen muss. Ich muss nicht mehr in die Hitze raus, ich kann einfach mal nichts tun – herrlich! Auch die Crew ist froh, dass wir auf dem Weg nach Deutschland aus der brutalen Hitze heraus sind. Ich freue mich auf Mittenwald, da kann ich in angenehmer Kühle eine Runde drehen.» (Anmerkung der Redaktion: Der Mann ist wohl nicht kleinzukriegen!)

Laufleistung im Ziel: 5735 Kilometer in 55 Tagen, 6 Stunden und 45 Minuten

31.8.2000 (10:00 Uhr, von zu Hause aus Gräfenberg): «Kaum bin ich zu Hause, renne ich von einem Studio-Termin zum nächsten, zuerst Berlin, dann nach München», freut sich Achim Heukemes über das enorme Medieninteresse.

«Besonders herzlich war der Empfang in meinem Heimatort Gräfenberg. So viel (400 Schlachtenbummler) war auf dem Marktplatz noch nie los, wunderten sich einige Gräfenberger. Mit dem Lauftraining beginne ich am Samstag wieder. Einen kurzen Probelauf habe ich schon gemacht. Allerdings hatte ich dabei richtig Atemprobleme. Mein Körper ist an die Hitze Italiens gewöhnt, und die kühlen 10 Grad Celsius waren für meine Lungen fast ein Kälteschock. Überhaupt, mein Körper war noch glühend heiß, als ich zu Hause ankam. Zum einen ist er durch die hohen Temperaturen in den letzten Wochen regelrecht aufgeheizt, zum anderen arbeitet mein Körper immer noch auf Hochtouren. Die Energie, die der Organismus aus Gewohnheit noch produziert, braucht keiner mehr. Der Körper weiß nicht, wohin damit, und schließlich geht alles in die Füße. Sie waren deshalb in den letzten Tagen so geschwollen, dass sie aussahen wie dicke Klumpen, die Knöchel waren nicht mehr zu erkennen!

Mein nächstes Ziel ist die 100-Kilometer-Bahnmeisterschaft. Ich freue mich schon aufs Training.

Heute Abend sendet SAT Bayern um 17:30 ein Live-Interview, die Deutsche Welle zwischen 18 und 19 Uhr. Außerdem bin ich in der Sendung ‹Starke Köpfe› und im ‹RTL-Frühstücksfernsehen› zu sehen.»

(Mit freundlicher Genehmigung von Running pur)

Ohne Team läuft nichts: Lebensgefährtin Eva Janele und Begleiter Helmut Sentner

Deutschland nonstop – 4 Marathons pro Tag

Im Juni 2001 durchläuft Achim Heukemes Deutschland von seinem tiefsten Punkt nahe der Nordsee bis auf die Zugspitze, dem höchsten Punkt. Die benötigte Zeit von knapp unter 7 Tagen bedeutet für die Streckenlänge von 1154 km Weltbestleistung. Ein Team begleitet ihn im Wohnmobil. Regelmäßig gibt er Interviews für regionale Fernseh- und Radiosender. Pro Tag schläft er ca. 2 Stunden.

Datum: 17.-23.6.2001
Strecke: Von Neuendorf bei Wilster in Schleswig-Holstein, dem tiefsten Punkt Deutschlands mit 3,54 Meter unter dem Meeresspiegel, bis auf die Zugspitze, den höchsten Punkt mit 2964 Meter ü. M.
Länge: 1154,0 km
Laufzeit: 6 Tage 21 Stunden 15 Minuten
Tagesdurchschnitt: 167,7 km (inkl. Pausen)
Rekorde: Weltbestleistung

« … Am 17. Juni 2001 war es so weit. Minute um Minute schiebt sich der Zeiger auf 16 Uhr zu. Der offizielle Start einer unglaublichen Erlebnistour auf zwei Beinen rückt näher. Doch Nervosität kommt keine auf. Denn eine ganze Kleinstadt sorgt für heitere Ablenkung. Durch Berichte der örtlichen Tagespresse mobilisiert, tummeln sich die Bürger auf dem Marktplatz und stehen an der Ausfallstraße Spalier. Fernseh-

Datum: 16.6.01	Routebook - Deutschland - Tour 2001					
Strecke von / nach	Straße	km	Gesamt km	Uhrzeit	Unterschrift	
Start Neuendorf b. Wilster	B 206	0		16⁰⁰	Hildegard Heins [illegible]	
Pause vor Leezen Abendessen Pause Ende	Nebenstr.	56	56	21 30 22 30	[illegible]	
Pause in Schwarzenbek - Frühstück Pause Ende	B 404	68	124	7⁰⁰ - 8⁰⁰		
Lauenburg Neuhaus / Elbe	B 209 B 195	52	175	fertig 16⁰⁰	= 24 Stunden - 1.	Tag
					für die Richtigkeit der Angaben [illegible]	
					Helmut Sentner [illegible]	

teams postieren ihre Kameras. Bürgermeister Johann Rehder wirft sich in Schale. Nein – keinen Frack trägt das Stadtoberhaupt, sondern Knieschützer und Helm. Mit Inline-Skatern begleitet er Heukemes sechs Kilometer auf seiner langen Reise.

Eine Reise, die ohne das selbstlose Engagement seiner beiden Betreuer nicht möglich gewesen wäre. Geplant war ein Schichtwechsel: Während seine Lebensgefährtin Eva Janele schläft, lenkt Vereinskamerad Helmut Sentner das Wohnmobil und umgekehrt. Doch schon am ersten Tag stellt sich heraus, dass dieser Antizyklus nicht durchzuhalten ist. Also wachen und schlafen alle drei gemeinsam – mit nur zweieinhalb Stunden Schlaf pro Tag und Nacht. Sie essen gemeinsam und leiden gemeinsam, wenn bei Heukemes durch den brutalen Schlafentzug die Stimmung sinkt.

So wie während der Elbüberquerung bei Danneberg. Heukemes trottet an einer Baustelle versehentlich dem Umleitungsschild hinterher. Er läuft und läuft – 15 Kilometer weit, während seine Crew schon längst mit der Fähre das andere Ufer erreicht hat. Doch von Heukemes keine Spur. Weiterfahren, umdrehen, und wenn, wo dann suchen? Die Begleiter entscheiden sich für weiterfahren. In der Zwischenzeit hat Heukemes einen Autofahrer gestoppt und nach dem Weg gefragt. Wieder zurück? Nein, das ist ein herber Schlag für die Psyche. Zum Glück besitzt der Autolenker ein Handy und fährt sogar ein Stück in Richtung Wohnmobil. Auch spendiert er die Überfahrt – wohlgemerkt mit der letzten Fähre an diesem Abend. «Da muss ich wohl doch nicht schwimmen», frotzelt Heukemes und weiß, da hat nicht viel gefehlt.

20 Kilometer vor dem Wohnmobil allerdings biegt der nette Automann zu seiner Freundin ab. Heukemes muss wieder laufen. Wenn man bedenkt, dass er bis zum vereinbarten Treffpunkt mit seiner Crew einen weiteren Halbmarathon absolvieren muss und er seit knapp drei Stunden das nötige Wasser und seine Nahrung schmerzlich vermisst – sonst bekommt er alle fünf Kilometer Essen und Trinken gereicht –, war dies ein harter Halbmarathon.

Fünf Kilometer vor dem Treffpunkt: Der Zuckerspiegel von Heukemes ist mittlerweile bis in den kleinen Zeh gerutscht. Jeder Schritt quält den Organismus, Spaghetti tanzen vor seinen Augen. «Taxi! Taxi ist da», ruft es plötzlich neben ihm. Der Autolenker von vorhin grinst zum Seitenfenster hinaus. Neben ihm seine Freundin. Er hat ihr von der Elb-Story mit Heukemes erzählt, und ohne zu zögern dirigierte sie sich und den Automann Richtung Heukemes.

Weniger spontan, aber dafür ebenso aufreibend, war die Live-Moderation des Radiosenders MDR. Redakteur Michael Hesse, bekannt für seine verrückten Live-Events, hat sich in den Kopf gesetzt, Heukemes laufenderweise zu begleiten. Jede Stunde schaltete der Sender Heukemes ins Programm. Mal hechelte Hesse ins Mikro einige Fragen, Heukemes musste antworten. Mal arrangierte Hesse einen Zwischenstopp, umringt von Metzgermeistern mit ihren Thüringer Würsten. Heukemes musste sich live für die wohlschmeckendste entscheiden: «Einen ganzen Tag, von morgens bis abends diesen Spaßmacher an der Seite», kostet alle Konzentration.

Heukemes muss jeden TV-Auftritt während seiner Tour mit einigen Körnern seiner wertvollen Kraft bezahlen. Und trotzdem, Freitagnachmittag 13.50 Uhr, irgendwo zwischen Augsburg und Ammersee. Der große Augenblick rückt näher. Gleich hat Heukemes den neun Jahre lang bestehenden Weltrekord des Franzosen Boussiquet im 6-Tage-Lauf geknackt. Der Tachometer des Wohnmobils zeigt 1034 Kilometer an. Heukemes fällt seiner Lebensgefährtin in die Arme, er gibt seinem Betreuer Helmut einen dicken Wangenkuss. Seine Augen strahlen, das sportlich wichtigste Ziel ist erreicht. Täglich 175 Kilometer laufen. «Mehr als vier Marathons pro Tag», freut sich Heukemes. Von nun an sind die nächsten zwei Stunden ein wahrer Freudenlauf. Mit jedem Schritt schraubt er den Rekord höher, denn erst um 16.00 Uhr schlägt für Heukemes der sechste Tag. Exakt acht Kilometer vor dem Ammersee an einer Landstraße im Wald biegt Heukemes glücklich zum Wohnmobil in einen Waldweg ein. Neue Bestleistung: 1050,9 Kilometer. Die Spannung fällt ab. Jetzt, nach der Pflicht, kommt nur noch die Kür. Essen, kurz schlafen. Heute Nacht muss er nur noch 80 Kilometer bis Garmisch laufen. Dort darf er sogar richtig schlafen. Von Mitternacht bis morgens um neun, um dann mit drei Kamerateams, den Sendern Sat 1, Deutsche Welle, Bayern 3 und einer Hand voll Schlachtenbummler im Laufschritt auf die Zugspitze zu steigen.

Als Erstes war der unbändige Freiheitsdrang, dann die Konfrontation mit dem Sport, dann die Entdeckung der Willenskraft, dann die Erkenntnis von der Grenzenlosigkeit der eigenen Energie und am Ende tiefe Befriedigung. Heukemes hat das geschafft, was nur einer Hand voll Menschen auf diesem Planeten vergönnt ist.

Er hat das Unmögliche vollbracht. Als erster Mensch ist er in 6 Tagen, 21 Stunden und 15 Minuten insgesamt 1154,9 Kilometer gelaufen. Über Deutschlands Straßen, Hügel und Berge. Die letzte Stunde stapfte er sogar durch kniehohen Schnee ...»

Felix Fuchs

(Mit freundlicher Genehmigung der Laufzeitschrift für Süddeutschland www.running-pur.de)

Der starke Kopf besiegt den müden Körper

Mit letzter Kraft erreicht Dauer-Läufer Heukemes sein Ziel

GAP (sj) – Der Kampf Heukemes gegen Heukemes endete diesmal denkbar knapp. Am Rande der Niederlage befand sich am Samstag der Kopf, der stets souverän die Kommandos gegeben und die Beine gelenkt hatte, die sich nun nicht mehr willig zeigten und rebellierten. Achim Heukemes stand vor dem Zusammenbruch – doch er kapitulierte nicht. «Den Körper so zu besiegen», sagt der 49-Jährige später, «ist das Faszinierende an der Sache.»

Heukemes erreichte also doch noch sein Ziel: Der Extremsportler aus Gräfenberg, der jahrelang in Mittenwald wohnte, lief 1154,9 Kilometer in sechs Tagen, 21 Stunden und 15 Minuten; er trabte vom tiefsten (Wilster) zum höchsten Punkt Deutschlands, der Zugspitze, gönnte sich täglich maximal drei Stunden Schlaf bei durchschnittlich 175 Kilometern. «Weltbestleistung über diese Strecke», betont er. Heukemes kam ganz oben an, dem Himmel nahe, nachdem er durch die Hölle gewankt war. Der letzte Abschnitt ab Garmisch-Partenkirchen – «das war ein Kampf», gesteht er. Mit ihm quälten sich der Partenkirchner Johann Sanktjohanser (68), der seinen 147. Barfußlauf auf die Zugspitze bestritt, sowie Heukemes' Betreuer Helmut Sentner.

Zahlreiche Kameras hielten das Drama der letzten Meter fest. Zunächst hatte sich Heukemes verlaufen, später versank er «bis zu den Unterschenkeln» im Schnee. Unterzucker raubte ihm Kraft und fast die Besinnung, der Profi-Läufer, der manchen Titel und Rekord hält, stolperte, fiel, rutschte auf den Knien, bis ihm Cola wieder auf die Beine half. Der Grenzgänger am Limit.

Auch die Tage zuvor trug Heukemes Kämpfe aus: «Dieser Schlafentzug war das Schlimmste», sagt er. «Ich musste mental alles aufbieten.» Mehr noch als vor einem Jahr, als er quer durch Europa in Weltbestzeit lief. Doch aufgeben wird er nie: «‹Ich mag nicht mehr› gibt es bei mir nicht.»

Ein Dickkopf im positiven Sinne. Bereits als Dreikäsehoch mochte Heukemes auf eigenen Beinen stehen. «Schon den Kinderwagen hat er immer geschoben», sagt Mutter Lilo Heukemes (69) aus Mittenwald, die dabei war, als Medien und Zuschauer den Sohn mit Begleitern auf die letzte, härteste Etappe schickten. «Er wollte schon damals immer nur laufen, laufen, laufen. Ich hätte aber nicht gedacht, dass das so ausartet.» Denn Heukemes quält sich immer weiter. In drei Wochen will der 49-Jährige, mit 389,5 Kilometern Deutscher Rekordhalter im 48-Stunden-Lauf, den Weltrekord (410 Kilometer) attackieren. Und wieder wird er ein Duell ausfechten: starker Kopf gegen müden Körper.

Silke Jandretzki

(Mit freundlicher Genehmigung des Garmisch-Partenkirchner Tagblattes, 25.6.01)

Welch großes Medienecho der Deutschlandlauf von Achim Heukemes hervorrief, zeigt die folgende Aufstellung der berichtenden Zeitungen und Fernsehsender:

Emder Zeitung	12.06.01
Nürnberger Nachrichten	12.06.01
Nordbayerische Nachrichten	13.06.01
Magdeburger Volksstimme	15.06.01
Kieler Nachrichten	16.06.01
Lübecker Nachrichten	16.06.01
Münchner Merkur	16.06.01
Nürnberger Zeitung	16.06.01
Segeberger Zeitung	16.06.01
Wilstersche Zeitung	16.06.01
Berliner Zeitung	17.06.01
Main-Echo	17.06.01
Stormarner Nachrichten	17.06.01
Aachener Zeitung	18.06.01
Abendzeitung	18.06.01
Ärzte-Zeitung	18.06.01
Augsburger Allgemeine	18.06.01
Badische Neueste Nachrichten	18.06.01
Berchtesgadener Zeitung	18.06.01
Bergedorfer Zeitung	18.06.01
Berliner Morgenpost	18.06.01
BILD – Hamburg	18.06.01
Darmstädter Echo	18.06.01
Die Kitzinger	18.06.01
Die Welt	18.06.01
Dithmarscher Landzeitung	18.06.01
Emder Zeitung	18.06.01
Norddeutsche Rundschau	18.06.01
Flensburger Tageblatt	18.06.01
Frankenpost, Ausgabe Hof	18.06.01
Fränkischer Tag	18.06.01
Freies Wort Meiningen	18.06.01
Freies Wort Suhl	18.06.01
Fuldaer Zeitung	18.06.01
Generalanzeiger	18.06.01
Gießener Anzeiger	18.06.01
Hallertauer Zeitung	18.06.01
Hamburger Morgenpost	18.06.01
Harburger Anzeigen und Nachrichten	18.06.01
Heilbronner Stimme	18.06.01
HNA Allgemeine Kassel	18.06.01
Iserlohner Kreisanzeiger	18.06.01
Kieler Nachrichten	18.06.01
Kölner Stadtanzeiger	18.06.01
Lausitzer Rundschau	18.06.01
Ludwigsburger Kreiszeitung	18.06.01
Mainpost	18.06.01
Mannheimer Morgen	18.06.01
Neue Presse – Coburg	18.06.01
Neues Deutschland	18.06.01
Nordbayerischer Kurier	18.06.01
Nordsee-Zeitung	18.06.01
Nordwest-Zeitung	18.06.01
Grafschafter Nachrichten	18.06.01
NRZ Neue Ruhr Zeitung Essen	18.06.01
Oberhessische Presse	18.06.01
Offenburger Tageblatt	18.06.01
Ostseezeitung (Rostock)	18.06.01
Ostthüringer Zeitung (Gera)	18.06.01
Pforzheimer Zeitung	18.06.01
Pirmasenser Zeitung	18.06.01
Reutlinger Generalanzeiger	18.06.01
Rhein-Zeitung (Koblenz)	18.06.01
Vogtland-Anzeiger	18.06.01
Saale-Zeitung	18.06.01
Schwäbische Zeitung	18.06.01
Schweriner Volkszeitung	18.06.01
Segeberger Zeitung	18.06.01
Straubinger Tageblatt	18.06.01
Stuttgarter Zeitung	18.06.01
Südkurier (Konstanz)	18.06.01
Südwest Presse	18.06.01
TAZ – Die Tageszeitung	18.06.01
Thüringische Landzeitung	18.06.01
Traunsteiner Tageblatt	18.06.01
Trierischer Volksfreund	18.06.01
TZ	18.06.01
Waldeckische Zeitung	18.06.01
WAZ Westdeutsche Allgemeine	18.06.01
Weser-Kurier	18.06.01
Westfalen-Blatt (Bielefeld)	18.06.01
Westfalenpost (Hagen)	18.06.01
Westfälischer Anzeiger	18.06.01
Wiesbadener Kurier	18.06.01
Freies Wort (Sonneberg)	19.06.01
Neue Presse – Coburg	19.06.01
Aachener Nachrichten	20.06.01
Bergedorfer Zeitung	20.06.01
BILD – Thüringen	20.06.01
Dithmarscher LZ	20.06.01
Frankenpost, Ausgabe Hof	20.06.01
Fränkischer Tag	20.06.01
Hanauer Anzeiger	20.06.01
Harburger Anzeigen und Nachrichten	20.06.01

Holsteinischer Courier	20.06.01
Kieler Nachrichten	20.06.01
Mitteldeutsche Zeitung Halle	20.06.01
Ostsee Zeitung (Rostock)	20.06.01
Saale-Zeitung	20.06.01
Schweriner Volkszeitung	20.06.01
Segeberger Zeitung	20.06.01
Thüringer Landeszeitung	20.06.01
Nordkurier	20.06.01
Hamburger Morgenpost	20.06.01
Volksblatt	20.06.01
Freies Wort (Suhl)	21.06.01
Freies Wort (Sonneberg)	21.06.01
Neue Presse – Coburg	21.06.01
Hamburger Abendblatt	22.06.01
Neue Presse – Coburg	23.06.01
TZ	23.06.01
Ludwigsburger Kreiszeitung	23.06.01
Trostberger Tageblatt	23.06.01
Nürnberger Zeitung	23.06.01
Bergedorfer Zeitung	23.06.01
Norddeutsche Rundschau	23.06.01
Garmisch-Partenkirchener Tagblatt	23.06.01
Emder Zeitung	23.06.01
Bild am Sonntag	24.06.01
Frankfurter Allgemeine Zeitung	24.06.01
Neues Deutschland	25.06.01
WAZ Westdeutsche Allgemeine	25.06.01
Deister- und Weserzeitung	25.06.01
Rhein-Zeitung (Koblenz)	25.06.01
Main-Echo	25.06.01
Heilbronner Stimme	25.06.01
Kreiszeitung Syker Zeitung	25.06.01
Nürnberger Nachrichten	25.06.01
Nürnberger Zeitung	25.06.01
Holsteinischer Courier	25.06.01
Passauer Neue Presse	25.06.01
Frankenpost, Ausgabe Hof	25.06.01
Segeberger Zeitung	25.06.01
Neue Osnabrücker Zeitung	25.06.01
Münchner Merkur	25.06.01
Garmisch-Partenkirchener Tagblatt	25.06.01
Harburger Anzeigen und Nachrichten	25.06.01
Schwarzwälder Bote	25.06.01
Emder Zeitung	25.06.01
Bergedorfer Zeitung	25.06.01
Badisches Tageblatt	25.06.01
Süddeutsche Zeitung	25.06.01
Südkurier (Konstanz)	25.06.01
Stuttgarter Zeitung	25.06.01
Frankfurter Allgemeine Zeitung	25.06.01
Pirmasenser Zeitung	25.06.01
Saale-Zeitung	25.06.01
Die Glocke	25.06.01
TZ	25.06.01
Fränkischer Tag	25.06.01
Ostsee Zeitung (Rostock)	25.06.01
Junge Welt	25.06.01
Nordbayerischer Kurier	25.06.01
Freies Wort (Suhl)	25.06.01
Oranienburger Generalanzeiger	25.06.01
Straubinger Tageblatt	25.06.01
Donau-Kurier	25.06.01
Mittelbayerische Zeitung	25.06.01
Abendzeitung	25.06.01
Abendzeitung (8-Uhr-Blatt)	25.06.01
Dithmarscher Landzeitung	25.06.01
Flensburger Tageblatt	25.06.01
Augsburger Allgemeine	25.06.01
Bild	25.06.01
Trostberger Tageblatt	25.06.01
Trierischer Volksfreund	25.06.01
Märkische Oderzeitung	25.06.01
Siegener Zeitung	25.06.01
Sächsische Zeitung	25.06.01
Obermain-Tageblatt	26.06.01
Neue Presse – Coburg	26.06.01

Sender	**Sendung**	**Datum**
SAT.1 HH	17:30 Live aus Hamburg	5.06.01
SAT.1 SH	17:30 Live aus Kiel	5.06.01
BFS	Die Abendschau	8.06.01
BFS	Die Abendschau	9.06.01
BFS	Rundschau – Nachtausgabe	19.06.01
BFS Nord	Die Abendschau	20.06.01
SAT.1 BY	17:30 Live aus Bayern	20.06.01
BFS	Die Abendschau	21.06.01
RTL	Guten Abend RTL	25.06.01
RTL SH	Guten Abend RTL	25.06.01
RTL HH	Guten Abend RTL	25.06.01
BFS	Die Abendschau	25.06.01
SAT.1 BY	17:30 Live aus Bayern	25.06.01
BFS	Die Abendschau	26.06.01
RTL BY	Guten Abend RTL	26.06.01

Der 1000-Meilen-Mann von Hamburg – 11 $^1/_2$ Tage im Kreis

Auf einem amtlich vermessenen Rundkurs um die Binnenalster in Hamburg versucht Achim Heukemes Ende Mai/Anfang Juni 2002, die bestehende Weltbestleistung über 1000 Meilen zu brechen. Gehalten wird diese von dem Griechen Jannis Kouros mit 10 Tagen 10 Stunden und 30 Minuten (New York 1988). Im Gegensatz zu der abgeschirmten Strecke in New York ist der Rundkurs um die Binnenalster nicht abgetrennt und der Öffentlichkeit zugänglich. Achim Heukemes läuft die zweitbeste je erzielte Zeit und stellt in der Altersklasse M 50 verschiedene Weltbestleistungen auf.

Datum: 28.6.-8.7.2002
Strecke: Rundkurs von 1,731 km um die Hamburger Binnenalster, der 930mal zu durchlaufen war
Länge: 1000 Meilen (= 1609 km)
Höhenmeter: 6 Meter pro Runde entspricht insgesamt einer Höhendifferenz von 5580 Metern
Laufzeit: 11 Tage 18 Std. 30 Min. 54 Sek.
Tagesdurchschnitt: 136,69 km (inkl. Pausen)
Rekorde: zweitschnellste je erreichte Zeit
Weltbestleistung M 50 für 6 Tage Lauf, 1000 km und 1000 Meilen
Deutscher Rekord für 6 Tage Lauf
Deutscher Rekord 1000 km
Deutscher Rekord 1000 Meilen

EMSER
PASTILLEN
EMS
frubiase
frubiase
frubiase
EMSER
PASTILLEN
EMS

Elf Tage Tortur, aber Rekord verpasst

1000 Meilen weit sollten ihn seine Beine in die Unsterblichkeit tragen, ihn, Achim Heukemes, in Hamburg Sportgeschichte schreiben lassen. Aber der Griff nach dem Weltrekord des Griechen Yiannis Kouros dauerte 32 Stunden zu lange und wurde letztlich zur Tortur. Elf Tage, 18 Stunden und 30 Minuten rannte der 50-jährige Extremläufer aus Gräfenberg, dem 4100-Seelen-Ort in der fränkischen Schweiz, um die Binnenalster, kämpfte und schleppte sich am Sonnabendmorgen doch nur auf den undankbaren zweiten Platz.

«Ich bin froh, dass es vorbei ist. Aber für mich war es wichtig, nicht aufzugeben. Denn ich bin kein Dieter Baumann», sagt Heukemes und zieht Bilanz. Drei deutsche Rekorde hat er verbessert, drei Weltbestleistungen aufgestellt, das große Ziel verpasst und dafür den Preis bezahlt: Auf kritische 62 Kilo abgemagert, geschundene Fußsohlen, Schmerzen.

«Die Grenze menschlicher Belastbarkeit habe ich erreicht, vielleicht sogar überschritten. Psychisch und physisch fühle ich mich ausgebrannt.» Das erste Mal seit 20 Jahren, nach seinem Motorradunfall in Wuppertal. Anschließend die Lust am Laufen und der erste Marathon. Dann die Suche nach dem Limit, der Wille zur Extremleistung. Unzählige Rennen hat er gewonnen und Bestmarken gesetzt. Was blieb, war die Schallmauer von 1000 Meilen. Und die steht weiterhin. «Ob ich es erneut versuche, weiß ich nicht.»

(Hamburger Abendblatt, guso, 10.6.2002)

Wie bist du beim Laufen mit all diesem Trubel und mit den Leuten umgegangen? Was bewirkt das bei dir? Stimulieren dich diese Leute und diese Fernsehsender, oder stören sie dich eher?

Ich wusste, wenn ich das in Hamburg mache, muss ich mit viel Bevölkerung rechnen, weil ich ja keine Strecke habe, die abgesperrt war. Die war amtlich vermessen, aber ich musste sie mit den Fahrradfahrern teilen und auch mit den Fußgängern. Deswegen wusste ich, ich konnte nie Ideal-Linie laufen. Das war mir von vornherein klar, ich musste auch mal Kurven laufen, besonders an diesen Wochenenden, wo an der Alster bestimmt 30–40 000 Menschen rumlaufen. Ein Problem war auch die Lombardsbrücke, die immerhin 6 m Höhendifferenz aufweist und die bei 930 Mal quasi 5400 Höhenmeter hat, die ich auch zu überwinden hatte. Dann dieser böige Wind auf der einen Seite, der ständig da ist, und wenn man den 18–19 Stunden auf der Brust hat, kostet das auch immense Kraft. Aber ich wusste von diesen Sachen, weil ich mir ja alles angeguckt hatte, und ich wusste, ich muss damit fertig werden. Das war mir auch nicht so ein Hindernis, von dem ich meinte, das könne den Weltrekord verhindern. Man muss das einfach positiv umwandeln. Ich hab gesagt, okay, diese Fakten sind da, und jetzt muss ich versuchen, die positiv umzusetzen. Zuerst ging ja diese Euphorie noch, aber nach 3 Tagen ist die Euphorie etwas übergeschwappt. Auch durch das unheimliche Medieninteresse. Der Lauf war jeden Abend auf allen Sendern im Fernsehen. Es wurde 3-mal am Tag im Radio darüber berichtet. Und auf einmal war die Bevölkerung wie infiziert. Was spielt sich da ab an der Binnenalster? Da läuft ein Mensch jeden Tag 18, 19 Stunden lang. Man hat es ja auch gesehen. Wenn die, die zur Arbeit gingen, wenn die morgens aus der U-Bahn kamen, haben sie mich gesehen, wenn sie abends reingehen in die U-Bahn, haben sie mich gesehen. Und alle anderen Leute, die zu ihren fixen Punkten sind, haben mich immer da laufen sehen und waren natürlich irgendwie fasziniert davon, dass einer, wenn sie morgens in die Arbeit gehen, läuft, und wenn sie abends zurückkommen, immer noch läuft. Und abends, wenn sie mal rausschaun, ein Eis essen gehen oder einen Kaffee trinken gehen am Alster-Pavillon, immer noch läuft. Diese Faszination ist auf die Bevölkerung so übergeschlagen, dass ich selber überrascht war. Es waren wirklich Leute dabei, die vom Laufen bestimmt noch nie was mitgekriegt hatten. Die wussten überhaupt nicht, dass es einen 1000-Meilen-Lauf gibt oder ein 24-Stunden-Rennen oder dass überhaupt einer mehr läuft als einen Marathon. Die Banker, die alle rübergekommen sind zu unserem Stützpunkt, unserem Verpflegungspunkt und sich informiert haben und mich angefeuert haben, obwohl sie gar nicht wussten, um was es überhaupt geht. Und natürlich gibt es dann Probleme beim Laufen. Jeder fragt mich natürlich was, jeder möchte eine Runde mitlaufen.

Das heißt, du hast geredet während des Laufens?

Ja, während des Laufens. Kostet natürlich Energie. Aber ich bin einer, der sagt okay, ich finde das ja toll, dass dieser Sport auf einmal so interessant geworden ist für Menschen, die vorher noch sagten, das interessiert mich nicht, das ist langweilig. Nach 4, 5 Tagen haben die gesagt, Mensch, das ist ja überhaupt nicht langweilig, das ist ja richtig faszinierend. Die haben richtig mitgefühlt, auch wenn es mir unheimlich schlecht gegangen ist. Nach 6 Tagen wusste ich ja, dass der Weltrekord in weite Ferne gerückt war. Ich hing da schon 100 km hinten dran, und da wusste ich, mit der Form, die ich jetzt hatte, zu diesem Zeitpunkt, konnte ich diese 100 km nicht mehr aufholen. Das war fast unmöglich. Die Leute haben das ja nicht so mitgekriegt, aber als es dann bekannt wurde, weil jeder ein bisschen rechnen kann, war der Weltrekord gar nicht mehr wichtig für die Leute. Ich war total überrascht. Die haben gesagt, Mensch, lauf, ist egal der Weltrekord, lauf Achim, lauf einfach durch. Wir finden das so toll, gib einfach nicht auf. Es kam nicht mehr auf den Weltrekord an, nein, die Leute wollten einfach, dass ich dieses Ding weiterlaufe, zu Ende bringe. Das ist für mich so begeisternd gewesen, dass die Leute das so aufgenommen haben. Ich wusste, dass immer noch die zweitbeste Zeit drin war, aber das wussten die Leute ja nicht. Ich war so begeistert, dass ich die Leute in den Bann ziehen konnte, auch Kinder, die hingekommen sind. Natürlich musste ich mal anhalten und Autogramme auf T-Shirts schreiben und so weiter. Natürlich ist das, wenn man das summiert nachher auf die Zeit, ein unheimlicher Verlust, aber für mich ging es dann nicht mehr so um diesen Weltrekord, sondern mir ging es einfach darum, hier sind Leute, die interessieren sich für den Sport, den ich liebe und verkörpere. Da muss man auch mal was opfern. Viele haben gesagt, das ist Wahnsinn. Der schreibt noch Autogramme, während er halb tot läuft …

Wie schaffst du das mit dem Nicht-Aufgeben? Der Gedanke ist doch auch irgendwo in dir. Du kannst ja nicht sagen, dass dein Computer, deine Software diesen Gedanken nicht hat. Irgendwo ist er doch?

Ja, aber ich nehme ihn nicht wahr. Ich registriere ihn einfach nicht. Ich lasse diesen Gedanken nicht zu, ich denke nicht über ihn nach. Der ist vielleicht da im Unterbewusstsein. Manchmal, als ich mich hingelegt habe, dachte ich, jetzt möchte ich einfach nur liegen, aber ich habe immer gesagt, bevor ich eingeschlafen bin, weck mich in einer halben Stunde, egal, was ist. Und die Eva weiß, da bin ich sehr böse, wenn sie das nicht macht. Auch wenn die gedacht haben, Mensch, lass den mal ein paar Stunden schlafen, habe ich gesagt, macht das bloß nicht. Weckt mich, das ist ganz wichtig, um dem Körper zu signalisieren, der Wille ist noch da, wir gehen jetzt weiter. Das Ding ist noch nicht zu Ende.

Wie ist das nach einer halben Stunde Schlafen und mit absolutem Schlafmangel wieder aufzustehen?

Grausam, ganz grausam. Du musst sofort hoch, du musst sofort in deine Schuhe rein, und du darfst nicht überlegen. Du darfst keinen Gedanken daran verschwenden, warum du jetzt wieder aufstehst. Erstmal weißt du gar nicht, wo du bist, dann schaltest du: ah ja, genau, ich muss laufen. Aufstehen, rein in die Schuhe und am besten direkt los.

Wie ist die medizinische Betreuung? Es gibt ja den Punkt, wo du einiges automatisierst, das du nicht mehr so weißt. Bist du dir dann immer ganz sicher, ob alles okay ist, oder gibt es auch medizinische Betreuung, die dich beobachtet?

Ich bin der Typ, der ziemlich alles alleine macht. Ich habe keinen Masseur, keinen Physiotherapeuten dabei, auch keinen Mediziner. Ich muss selber mit meinem Körper zurechtkommen. Wenn irgendwas schlimmer werden würde, würde ich vielleicht eine längere Pause machen. Man muss immer die Grenze ziehen. Schädige ich jetzt meinen Körper, bringe ich ihn in Gefahr, oder ist es nur, weil er nicht will.

Wo kriegst du die Sicherheit her, das zu wissen?

Das ist ein Gefühl. Ja, da fühle ich mich sicher. Ich weiß genau, wenn ich irgendwas mache oder den Körper jetzt weitertreibe, das kann der noch. Da passiert jetzt nichts. Es gibt vielleicht Momente, wo ich sagen würde, oh, jetzt muss ich hier Stopp machen, sonst habe ich irgendwelche Schäden. Die habe ich noch nicht erlebt. An der Tür war ich noch nicht. Es gibt da so eine gewisse Tür, wie man immer sagt. Für alle Extrem-Sportler oder alle, die was Außergewöhnliches leisten, kommt irgendwann mal die Tür. Entweder stößt man die auf, oder man lässt sie zu.

Würdest du so was nochmal machen: 1000 Meilen am Stück laufen?

Das ist eine harte Nummer. Zuerst habe ich gesagt, ich mache es nie mehr. Als sie mich nach dem Ziel gefragt haben, die Reporter, habe ich gesagt, das sollte man, glaube ich, nur einmal im Leben machen. Aber jetzt sage ich mir, ich habe an und für sich noch eine Rechnung offen. Und ich denke, wenn ich das unter normalen Bedingungen machen kann, würde ich es gern versuchen, unter Ideal-Linie, unter reellen Bedingungen, vielleicht komme ich doch noch ran an diesen Weltrekord. Aber nicht in den nächsten Jahren. Ich könnte nicht nächstes Jahr sagen, ich mache das wieder. Da wüsste ich, das ginge in die Hose. Das kriegt man kopfmäßig nicht so schnell wieder hin. Da muss alles stimmen.

Was reizt dich denn an diesem Weltrekord? Worum geht es denn da für dich?

Das ist halt der Weltrekord der Weltrekorde, kann man sagen. Der Mega-Weltrekord. 1000 Meilen in der Zeit zu laufen. Diese 10 Tage 10 Stunden sind halt, wie ich jetzt gemerkt habe, ein Riesending. Da muss alles stimmen, da muss alles passen, da muss man die Form haben und, wie gesagt, deswegen steht der auch jetzt 14 Jahre schon, und alle anderen haben sich die Zähne ausgebissen. Ich jetzt auch, aber ich habe immerhin noch die zweitbeste Zeit geschafft, das war für mich schon wichtig. Aber, wie gesagt, das ist halt nicht der Rekord, und deswegen sage ich, ich habe noch eine Rechnung offen …

Das Badwater Race – Ein Höllentrip im Death Valley: 217 km, 55 Grad und 4300 Höhenmeter

Das Badwater Race im tiefsten Punkt Amerikas in der Nähe von Las Vegas zählt zu den härtesten Ultrarennen, die es überhaupt gibt. Die Temperaturen schwanken im Juli tagsüber zwischen 55 und 60 Grad, nachts kühlt es kaum unter 40 Grad ab. 217 km müssen in einer Steinwüste zurückgelegt werden, dabei gilt es 4300 Höhenmeter zu überwinden, zuletzt einen 30 km langen Anstieg auf den Mount Whitney. Nur ausgewählte Läufer, jeder mit eigener Begleitmannschaft in spezialgekühlten Autos, dürfen am Rennen teilnehmen. Achim Heukemes entdeckt die Grenzen des Machbaren. Er erlebt eine große Niederlage und gewinnt ganz neue Erkenntnisse.

Datum: 25.7.2002
Strecke: Asphaltierte Straße durch das Death Valley, über 2 Pässe auf den höchsten Berg Amerikas außerhalb Alaskas
Länge: 217 km
Höhenmeter: 4300 Meter
Laufzeit: aufgegeben nach ca. 90 km
Siegerin: Pamela Reed in 27 Stunden 56 Minuten
Streckenrekord: Anatolij Kruklikow (Russland) 25 Std. 9 Min., 2000

HEUKEMES
ACHIM
69

Man trifft ihn sonst so selten, den Teufel

Das Rennen führt mitten durch diesen gottverlassenen Backofen, den die Amerikaner das Tal des Todes nennen – es gilt als das heißeste Gebiet der Erde. Der Weg misst 217 Kilometer. Er beginnt an einem Holzschild, das in die ausgetrocknete Salzkruste eingeschlagen ist: Badwater steht darauf. Es gibt zwei stinkende Pfützen, ein paar Felsen, eine Straße – sonst nichts. Gott hat diesen Ort vermutlich erschaffen, als er für die Erfindung der Hölle probte – danach muss er verschwunden sein auf Nimmerwiedersehen. 79 Masochisten stehen am Start, die internationale Gemeinde der Ultraläufer. Badwater hat den Status einer Religion in ihren Kreisen, Badwater, so hauchen sie alle, sei der Weg durch die Hölle – demzufolge ist Badwater für viele die süßeste Versuchung, seit es Ultra-Rennen gibt. Am Ziel wird die spätere Siegerin Pam Reed vor den Kamerateams zu Protokoll geben: «Dieser Lauf ist ein Killer.» Es wird ihr erster Satz sein. Danach wird die 41-Jährige auf dem weißen Plastikstuhl kotzen, und ihre blauen Augen werden dabei leuchten wie Neonröhren in den nächtlichen Fluren eines Irrenhauses.

Nur an der Spitze rennen zwei: Achim Heukemes aus Gräfenberg bei Nürnberg und John Quinn, ein 44-jähriger Softwareingenieur aus Boulder in Colorado. Für den 51-jährigen Heukemes sind 217 Kilometer ein Pappenstiel, er kann in 24 Stunden 240 Kilometer rennen oder wahlweise in 48 Stunden 389 Kilometer. Quinns Leidenschaft war vor den Ultraläufen die schöne Disziplin des Dreifach-Triathlons: Zwölf Kilometer schwimmen, 540 Kilometer Rad fahren und noch drei Marathonläufe obendrein.

Quinn sieht aus wie Paul Newman in seinen besten Jahren. Quinn könnte auch in Hollywood Karriere machen. Er wird später erzählen, dass ein Dreifach-Triathlon ein Spaziergang ist gegen Badwater. Heukemes wird Badwater den menschenunwürdigsten Ort nennen, den er jemals erlebt hat: «Unvorstellbar für einen Mitteleuropäer.» Heukemes wird «elend verrecken» und Quinn, den die Kontrolleure entlang der Strecke ehrfürchtig «the machine» (die Maschine) nennen, noch elender. Aber als die beiden Furnace Creek, den ersten Kontrollpunkt, nach 27,8 Kilometern passieren, liegen ihre Durchgangszeiten bei 2 Stunden und 15 Minuten. Das ist ein Stundenschnitt von über 12 Kilometern und keineswegs übel für 54 Grad Hitze. Ein normaler Mensch wäre bei der Leistung seit zwei Stunden mausetot. Heukemes läuft jetzt mit einer Babywindel um den Kopf, die er nach jedem Kilometer ins Eiswasser der Kühlbox taucht, die im Kofferraum des Vans mit der Begleitcrew steht.

Achim Heukemes liegt im Auto. Die letzten paar Meilen vor Stove Pipe Wells ist er gegangen, obwohl das eigentlich nicht sein Stil ist. Um 10 Uhr ist er gestartet und nun um 18.45 Uhr hier angekommen. Für 67 Kilometer durch die Wüste bei einer konstanten Temperatur von 54 Grad brauchte er 8,45 Stunden: Es ist die viertbeste Durchgangszeit. Seine Füße stecken in einer grünen Schüssel voll Eiswasser: Die Ballen sind verbrannt durch die Sohlen der Laufschuhe hindurch. Heukemes bringt kein Wort heraus. Die Feuerwinde haben ihm die Kehle ausgedörrt: Er kann nichts mehr essen, was Kraft brächte. Eva, Crewmitglied und Lebensgefährtin, kocht auf dem Gaskocher eine Kartoffelsuppe. Eine halbe Stunde Pause, der Pass wartet, 1500 Höhenmeter verteilt auf einen 30 Kilometer langen Anstieg. Quinn ist schon außer Sichtweite. Die Sonne geht unter hinter den Bergen, Achim Heukemes zieht die Weste mit den Reflektoren an, er will weiter. Er schleppt sich den Pass hinauf wie ein Greis nach einem Schlaganfall, das rote Blinklicht an seinem Arm schwankt in der Dunkelheit wie ein besoffenes Glühwürmchen. Eva hat Angst, dass er gleich umfällt. Sie steigt aus und geht neben ihm her. Das Thermometer zeigt 46 Grad. Achim und Eva reden. Zwei, die nachts durch die Wüste gehen. Achim sagt ihr, dass das seine erste große Niederlage wird in drei Jahren. Eva nimmt seine Hand. Sanft leuchtet der Vollmond über dem Bergrücken. Um 22.30 Uhr gibt Achim Heukemes auf. ...

... Am nächsten Tag, als die Sonne sanft und rot wie ein Versprechen über dem Mount Whitney aufgeht, verkündet er: «Ich hab hier noch eine Rechnung offen. Im nächsten Jahr.» Acht Minuten laufen, zwei Minuten gehen – sonst säuft die Wüste alle Lebenskraft. Sie ist ein Drache, ein Monster, ein Ungeheuer, steht in einem der Gedichte von Furnace Creek. Trotzdem werden die Ultraläufer im nächsten Jahr wiederkommen: Sie mögen es, wenn der Teufel vor ihnen auf der Straße herumhüpft. Man trifft ihn sonst so selten. – Von 79 Teilnehmern kamen 21 ins Ziel.
Ully Günther

(Mit freundlicher Genehmigung von Freies Wort, Thüringen, 3.8.2002)

Vor dem Rennen ...

Was reizt dich daran, bei mörderischer Hitze durch die Wüste zu laufen?

Der Reiz sind die klimatischen Bedingungen. Diese außergewöhnlichen Bedingungen ... im Tal des Todes, in der Nähe von Las Vegas, in der Wüste Kaliforniens. Das ist zu dieser Jahreszeit mit der heißeste Punkt auf der Erde. Es herrschen Temperaturen zwischen 55 und 60 Grad. Es ist eine ausgetrocknete Ebene, mit Felsbrocken und Steinen, so wie man sich eine Mondlandschaft vorstellt. Der zweite Reiz war, dass dort noch kein Deutscher gewonnen hat, seit 25 Jahren.

Was reizt dich, in der Hitze zu laufen, wenn normale Menschen sagen, da gehen wir lieber in den Schatten?

Die Grenzerfahrung, das ist wirklich am Rande dessen, was der Körper verkraften kann. Wenn man 40 Grad Körpertemperatur hat und dann plötzlich 41 wie im Fieber. Man hat sich noch nicht bewegt und einen Puls 30 Schläge höher als normal. Deshalb muss man aufpassen, dass man nicht zu schnell läuft, lieber wartet man auf die Nacht. So werde ich taktisch vorgehen. Ich werde tagsüber zwischen 9 und 10 Kilometer, also 6 Meilen pro Stunde laufen. Wenn dann die Sonne verschwindet und es ca. 15 Grad kühler wird, dann versuche ich, über 10 km zu laufen. Und dann versuche ich, das Feld von hinten aufzuräumen. Dann wird man eh schon schneller, weil dann die Euphorie dazukommt. Das ist für mich ganz wichtig, dass ich von hinten komme. Das kann ich am besten umsetzen ...

Das Wichtigste ist natürlich, dass man sich feucht hält. Schauen, dass die Sachen, die man anhat, dass die immer ein bisschen feucht sind und sich im Genick eine Art Windel umwickelt, die immer aus der Kühltruhe kommt. Das muss ich erstmal testen. Deswegen sind wir ja 5 Tage früher da. Ich werde immer mal eine Stunde laufen und testen, wie lange das Tuch kühl bleibt. Das legt man sich in den Nacken, wo die Nervenstränge sind. Dadurch hält man den Puls unten.

Du fährst mit einer Begleitmannschaft. Wer fährt alles mit?

Meine Lebensgefährtin Eva und ein Journalist aus Coburg, der Ully, die betreuen mich. Das ist Pflicht, man darf nur mit zwei Betreuern kommen. Jede Crew hat ein eigenes Auto.

Die Straße ist gesperrt?

Nein, die ist offen. Es gibt gewisse Bedingungen, die man beachten muss, links laufen, nachts eine Lampe tragen. Dann gibt es 7 Checkpoints, die man anlaufen muss. Außerdem ist ständig einer unterwegs und schaut, ob einer mit dem Auto ein Stück fährt.

Was müsste passieren, dass du aufhörst?

Ich müsste tot umfallen. Oder ich müsste rausgenommen werden. Wie mein Freund Eberhard, der kollabiert hat, der schon Schlangenlinie gelaufen ist, der nicht mehr wusste, wo er war. Da ist der Tod natürlich schnell da. Zum Hitzschlag ist es kein großer Schritt mehr. Wenn ich merken würde, jetzt geht's um mein Leben, würde ich aufgeben. Das merkst du ja, wenn du nicht mehr koordinieren kannst. Wenn du von einer Seite auf die andere läufst und gar nicht mehr weißt, wo du bist.

Gibt es Furcht vor dem Rennen?

Nee, Angst nicht, aber ich habe natürlich schon Respekt davor. Ich versuche, in den Tagen, die ich früher da bin, rauszufinden, was für mich gut ist. Vor allen Dingen Essen und Trinken, das ist das Wichtigste. Dass man die richtige Dosierung hat, dass man immer noch ein bisschen was essen kann und nicht nur voller Wasser ist. Sonst freue ich mich drauf. Ja doch, das ist was Außergewöhnliches, und auf außergewöhnliche Sachen freue ich mich immer. Deswegen habe ich es mir ja ausgesucht, weil es eben die Hölle auf Erden ist, wie man so schön sagt …

Ist es auch eins deiner Ziele zu gewinnen?

Ja. Badwater zu gewinnen ist so, als wenn man als Tennisspieler

Wimbledon gewinnt oder eben in Kitzbühl die Streif. Wenn man da gewonnen hat, hat man einen Namen. Wenn man dieses Rennen als Sieger auf seiner Karte stehen hat, dann weiß jeder Veranstalter, der Mann ist gut. Das ist einfach eine Visitenkarte. Badwater fehlt auf meiner noch.

Nach dem Rennen ...

Man kann sich das gar nicht vorstellen, wenn man es nicht selber erlebt hat. Das ist so trocken, wenn man 5 Sätze geredet hat, hat man keinen Speichel mehr im Mund. Einen Tag vor dem Start hatten wir 57 Grad. Da waren wir an diesem Badwater-Schild, am tiefsten Punkt Amerikas. Da hat man kaum stehen können, so heiß war die Erde, erschreckend, aber auch faszinierend. Ich habe gedacht, ich kenne die Hitze, aber seitdem ich da war, kann ich Hitze neu definieren.

... Dieses Tal ist an die 100 Kilometer lang, wie in einem Kessel. Ringsum sind hohe Berge, alle 2000 bis 4000 m hoch, und da wälzt sich die Luft von unten nach oben. Oben liegen die Tiefs drauf, also die feuchte Luft, und die heiße Luft kann nie raus. Es hat seit 83 Jahren nicht mehr geregnet.

... Ich habe sehr viele Fehler gemacht. Ich muss über mich selber lachen, weil ich sonst an und für sich nicht so dumm bin. Es waren vier Top-Favoriten da, ich, der Brasilianer, der Quinn, der amerikanische Weltmeister im 3-fachen Iron Man, und ein Engländer. Wir vier waren die Top-Favoriten, die für den Sieg infrage kamen laut unserer Ergebnisse. Wir wurden auch so vorgestellt von Presse und Fernsehen. Wir sind alle kaputtgegangen, weil wir die Gesetze, die da herrschen, nicht beachtet haben. Wir sind viel zu schnell angegangen. Wir sind 12 km die Stunde gelaufen bei 54 Grad. Einer hat den anderen getrieben.

Ich lasse mir sonst nie ein Rennen aufzwingen, aber ich bin einfach mitgegangen. Die Luft ist so trocken, die zehrt dich aus. Du merkst das nicht. Das war ja das Phänomenale, wir sind gelaufen und haben uns alle gut gefühlt. Ich hatte auch einigermaßen gute Beine. Aber der Puls, der Puls ist das Entscheidende. Diese Legende Arnold, der diesen Lauf als Erster gemacht hat, hat uns noch bei der Pressekonferenz gesagt, wer läuft, der stirbt! Und er hat Recht behalten! Du darfst nur so lange laufen, bis der Puls hoch kommt, dann musst du sofort gehen und dann deine Nahrung aufnehmen, überwiegend Flüssigkeitsnahrung. Davon hatte ich zu wenig mit. Das war ein ganz großer Fehler. Du kannst da nichts essen. Ich habe versucht, Käse oder Nudeln zu essen. Das kriegst du nicht runter, weil du keinen Speichel hast. Du bist rappeltrocken, du musst andauernd Wasser haben oder Elektrolyte. Dann habe ich den Puls viel zu hoch gebracht. Ich habe den Puls nachher nicht mehr runtergekriegt. Ich hatte bestimmt einen Puls von 200. Wenn ich zum Auto ging, hat mein Herz geschlagen bis zum Hals.

Bei diesem Lauf habe ich angefangen, neu zu denken. Alles, was ich bis jetzt gemacht hatte, war da falsch. Das habe ich nicht berücksichtigt. Ich habe bei diesem Lauf ganz neue Erkenntnisse gewonnen. Ich denke, ich habe ja schon viel gemacht und viel erreicht und gewonnen, aber da fängst du bei Null wieder an. Du musst wirklich die Gesetze beachten. Du darfst nur so laufen, wie es die Siegerin gemacht hat: 7 Minuten laufen, 3 Minuten gehen, 7 Minuten laufen, 3 Minuten gehen. Die hat den ersten Mann um 5 Stunden geschlagen.

Da ist noch ein Punkt. Du brauchst mindestens 3 Mann oder 2 Autos Betreuung. Bei einem Team mit 2 Mann, wie wir es waren, ist es fast unmöglich. Die waren dann auch fix und fertig. Eine Tortur, weil die ja nur 500 Meter vorfahren können. Dann müssen die schon wieder raus und vorbereiten. Die waren ziemlich fertig. Ich habe gesagt, entweder ich gehe jetzt die 130 km, dann müssen wir aber nochmal einen ganzen Tag durch die Hitze und nochmal eine ganze Nacht. Da haben wir gesagt, wir müssen die Sache beenden – schweren Herzens.

Jetzt muss ich gucken, dass ich den nächsten Lauf nochmal finanziert kriege, dass ich die Schmach tilgen kann. Das will ich unbedingt. Ich lege erst mal Wert darauf, zu finishen, was dann für eine Platzierung rauskommt, wird man sehen. Da kannst du nicht hingehen und sagen, so wie ich das gemacht habe, das möchte ich jetzt gewinnen. Das geht nicht. Unter solchen Bedingungen kannst du nichts planen. Du musst gucken, dass du wirklich einigermaßen gut durchkommst, das ist das Wichtigste. Dann wirst du sehen, wo du landest. Wenn du das gut machst, dann wirst du immer vorne landen. Wenn du es geschickt machst und dich unterordnest und guckst, dass vor allen Dingen der Puls unten bleibt, das ist das Allerwichtigste, dann bist du mit vorne, dann bist du immer unter den ersten 10. Wenn du das einigermaßen vernünftig angehst, dann hast du kein Problem mit einer guten Platzierung.

Ich laufe, also bin ich – Versuch einer Annäherung in 11 Schritten

Simplon
pass
2005 ü M

Vielleicht staunen und erstarren Sie in Ehrfurcht angesichts der läuferischen Leistungen von Achim Heukemes, die Sie sich kaum vorstellen und noch weniger erklären können. Wie ist das alles möglich? Wie kann ein Mensch tagelang, wochenlang, bei jedem Wetter, fast ohne Schlaf, auf schlechten Strecken, oft mit Schmerzen flott laufend unterwegs sein? Vielen geht doch meist schon nach einer halben Stunde Jogging Puste, Lust und Willen aus, und eine Stunde langsames Laufen ist für die meisten so etwas wie die Schallmauer des Dauerlaufens, die zu durchbrechen ein hohes, schwer erreichbares Ziel bleibt.

Wenn Sie schon mal eine Stunde gelaufen sind, wissen Sie, wie sich das anfühlt, und wer für seine Verhältnisse zu schnell oder bei heißem oder windigem Wetter unterwegs war, weiß, wie mühsam oft das Durchhalten ist und wie schwer vorstellbar der Gedanke wäre, noch eine Stunde oder gar noch zwei oder drei zu laufen. Selbst die Lang- oder Marathonläufer unter Ihnen, die ja ohnehin nur einen sehr kleinen Teil der Läufer ausmachen, beenden einen Lauf von mehreren Stunden mit spürbaren Folgen und muten sich einen solchen nicht allzu oft zu.

Was also bringt einen «normalen» Mann im fortgeschrittenen Alter dazu, tagelang, Tag und Nacht im Kreis zu rennen, bei sengender Hitze durch eine Wüste oder wochenlang bergauf und bergab durch mehrere Länder zu laufen, unter nahezu allen Umständen das durchzuhalten und diese Läufe auch noch gewinnen bzw. in Rekordzeit absolvieren zu wollen?

Was macht Achim Heukemes anders? Ist er eine andere Art Mensch? Kommt er von einem anderen Stern? Was für ein Mensch ist er überhaupt? Was bringt ihn in Bewegung? Was treibt ihn an? Was hält ihn in Trab? Was hindert ihn am Stillstand?

Um das annähernd verstehen zu können, ist es nötig, dass auch Sie sich in Bewegung setzen. Einerseits um ganz sinnlich wieder ein Gespür für das Laufen zu bekommen, damit das Thema dieses Buches nicht zu intellektuell und abstrakt bleibt und Ihr Geist sich nicht allzu sehr von Ihrem Körper entfernt. Andererseits sollten auch Ihre Wahrnehmung und Ihre geistige Aktivität unvoreingenommen, offen und flexibel sein und bleiben, denn Sie verlassen festes Terrain und begeben sich auf bewegten Untergrund. Gesicherte und unverrückbare Positionen und Sichtweisen gibt es nicht.

Die Wahrnehmung eines Menschen, d. h. die Deutung seiner Erscheinung und die Konstruktion, die Sie sich von ihm machen, ist ein Gestaltungsprozess, bei dem Sie die Phänomene in unterschiedliche Richtungen «bewegen» und in je unterschiedlicher Weise figurieren und zu einem Ganzen formen. Die einzelnen Abschnitte dieses Prozesses sind keine Positionen im luftleeren Raum, sondern erlangen ihre Bedeutung und ihre Kontur jeweils vor einem bestimmten, ganz individuellen Hintergrund aus wechselnden Vorannahmen, temporären Befindlichkeiten, Wahrnehmungs- und Verarbeitungsmustern, also der Art und Weise, wie Sie das, was Sie wahrnehmen, in *Ihre* Realität einbauen.

Alles ist also bei Ihnen, dem Deutenden, in Bewegung, und der Mensch, den es zu deuten gilt, ist es sowieso. Ganz besonders Achim Heukemes. Bewegung scheint geradezu sein Lebensmodus zu sein, im Großen wie im Kleinen. Der raum- und ländergreifenden lebenslangen Expansion entspricht eine lebendige Unruhe im motorischen Bereich. Das ruhige bewegungslose Dasitzen ist seine Sache nicht. Auch das Reden zieht er dem Zuhören vor. Achim Heukemes ist immer in Bewegung.

Da nun Beschreibungen und Erklärungen abhängig sind von dem, der sie vornimmt, sind sie eine subjektive Handlung und können niemals objektiv sein. Sie können der «Wahrheit» mehr oder weniger nahe kommen, wenn sie in gutem Kontakt, offenem Dialog und immer wieder überprüftem Konsens über das Erarbeitete und mit einem hohen Maß an Aufrichtigkeit und inhaltlichem Verständnis vollzogen werden.

Ich hoffe, diesen Ansprüchen genügen zu können. Ich bin dankbar für die freundliche, konzentrierte und offene Art, in der Achim Heukemes seinen Beitrag zu unserem Dialog geleistet und mir Vertrauen geschenkt hat. Er ist bei unseren Gesprächen immer im Kontakt zu sich, zu mir und zu unserem Thema geblieben.

Die elf Schritte einer versuchten Annäherung an den für mich außergewöhnlichen Menschen und Läufer sind ein Versuch, ihn transparenter werden zu lassen. Viele Facetten seiner Weise in der Welt zu sein offenbaren sich, manche werden nicht erwähnt, manche könnten vielleicht anders benannt werden, und manche Beobachter würden andere Facetten in anderer Weise zusammenstellen.

Mein Interesse gilt den überragenden und unglaublichen läuferischen Leistungen und deren möglicher psychologischer Zusammensetzung, die ich besser verstehen will. Ich bin mir der Verantwortung bewusst, die darin besteht, sich öffentlich und nachlesbar über einen Menschen zu äußern. Im Kern behagen mir diese in Schrift fixierten Zuschreibungen nicht. Doch erscheint mir durch Achim Heukemes das Territorium, das die Grenze menschlicher Leistungsfähigkeit und vor allem ihre Verschiebbarkeit markiert, in so anschaulicher Weise erreicht zu sein, dass Erklärungsversuche gestattet sind, zumal sie im Einvernehmen und durch den schöpferischen Dialog mit ihm selbst vorangetrieben werden.

Ich habe Respekt vor ihm als einem gereiften, starken und weisen Menschen, der sich seine Persönlichkeit in verschiedenen Lebensabschnitten erarbeitet hat: erfahren, erlaufen, ertrotzt, erkämpft.

Ein Mensch, der den Mut hatte und hat, das, was in ihm angelegt war, zu suchen und zu leben, der seine Defizite akzeptiert und gelernt hat, zu verzichten, auch zu verlieren und aus der Situation das Beste zu machen im Vertrauen auf höhere Kräfte und Gesetze.

Ich versuche, das deutlich werden zu lassen, was ohnehin schon ist oder im Verlauf unserer Gespräche entstanden ist, ohne jedoch die Grenze des Privaten zu verletzen. Ich sehe Achim Heukemes als einen ganzen Menschen, den ich auch so nehme, ohne in ihn eindringen und «wissenschaftliche» Hypothesen untersuchen zu wollen. Durch seine klare und direkte Art zu denken und zu reden führt er selbst Regie, so wie er auch sonst in seinem Leben, für manche radikal anmutend und nicht gruppentauglich, Regie führt. Er übernimmt im besten Sinne und in letzter Konsequenz die Verantwortung für sich selbst. Ein Extremläufer wie er muss wohl aus solchem Holz geschnitzt sein.

Es sind seine Worte, die ich wiedergebe, und seine Sicht seiner Dinge. Ein authentisches Mosaik, geordnet in künstlichen, analytischen Figuren, die ein Ganzes ergeben wollen. Immer wieder wird im tatsächlichen Leben ein anderer Anteil im Vordergrund stehen. Manche Anteile werden eher im Hintergrund bleiben. Vielleicht kommen noch andere hinzu.

Ich gehe nicht von einem bestimmten «Persönlichkeitsmodell» aus, in das ich wie in eine vorgefertigte Anordnung von Schubladen den Menschen hineinpresse, sondern ich versuche meine eher staunenden Wahrnehmungen zu bündeln und dort zu verdichten, wo Dichte wie von selbst aufscheint.

Widersprüche bleiben bestehen, Kanten bleiben eckig, Geheimnisse bleiben auch weiterhin geheim, und zum Schluss werden sich immer noch viele und manchmal auch ich fragen, warum läuft Achim Heukemes so unglaublich ausdauernd durch die Gegend und wie schafft er es, sich immer wieder aufzuraffen, zu üben, zu kämpfen und dabei in seinem inneren Rhythmus zu bleiben und Freude am Laufen zu empfinden?

Fast alle elf Schritte, die helfen sollen, dem Dauer- und Extremläufer Achim Heukemes näher zu kommen, haben etwas mit Bewegung zu tun. Eine Bewegung, die hinausführt in die Ferne, in das Fremde, hin zu etwas Unbekanntem, nie Gesehenem, Unerhörtem. Eine Bewegung, die etwas mit erkunden, ausprobieren und Risiko eingehen zu tun hat.

Eine Bewegung, die Achim Heukemes tatsächlich, ganz konkret, sinnlich und körperlich, lust- und mühevoll, ausdauernd und konsequent vollzogen hat und vollzieht.

Dennoch: diesem dynamischen Pol seines Lebens vom ruhelosen Unterwegssein hin zu etwas steht – nur auf den ersten Blick merkwürdigerweise – ein ruhender Pol gegenüber, der durch Ordnungsliebe und Überschaubarkeit geprägt ist und etwas von einer kleinen heilen Welt hat.

Seine Wohnung ist penibel aufgeräumt. Jeder Gegenstand hat seinen Platz. Es herrscht keine hohle Ordnung nur um der Ordnung willen. Seine Ordnung ist funktional, praktisch, aber unübersehbar eine strikte Ordnung. So wie er früher die Führerkabine seines Trucks mit Teppichen ausgelegt hatte und nicht mit Arbeitsschuhen betreten ließ, so muss ich auch heute bei feuchtem Wetter meine Schuhe auf zwei verschiedenen Vorlegern abputzen, bevor ich seine Wohnung betreten kann.

Es scheint, als ob dieser häusliche, streng kontrollierte Pol, dieses sichere Nest nötig ist, um ausfliegen und die Strapazen und Risiken der «Reisen» auf sich nehmen zu können. Gerne ist er früher von seinen LKW-Touren nach Hause zu vertrauten Menschen zurückgekehrt, gerne ist er wieder fortgefahren. Gerne und akribisch plant er jetzt Projekte und Läufe und legt Wert auf Termine und Organisationsstrukturen. Genauso gerne hat er Freiräume, Abenteuer und Entscheidungen, die er nur im Hier und Jetzt fällen kann.

Aus dieser konstruktiven Spannung einer polaren Dynamik, in der das eine nicht ohne das andere sein kann und das eine erst durch das andere seinen Sinn und seine Prägnanz bekommt, scheint Achim Heukemes die Kraft zu schöpfen, die er braucht.

Eine ausbalancierte Mitte erst scheint ihn in die Lage zu versetzen, das Gleichgewicht immer wieder zu finden und zu wahren zwischen dem «Ver-rückten» und dem «Normalen», zwischen Loslassen und Festhalten, zwischen Anspannen und Entspannen.

Es sieht so aus, als ob Achim Heukemes zwar immer unterwegs, aber nicht richtig weg war. Sich selbst hat er nie aus den Augen verloren. Sein Lebensweg ähnelt seinem Dasein als Läufer: immer in Bewegung. Ich laufe, also bin ich.

Am Anfang des Weges steht der *Träumer*, der sich aus seiner beengten und begrenzten Umgebung in die Welt imaginiert und einfach «über das Wasser läuft». Der *Trucker* und Motorradfan beginnt die Träume umzusetzen und erkundet Ferne und Freiheit. Dabei lernt er, sich als *Einzelkämpfer* durch die Welt zu schlagen, so wie er es als kleiner Junge schon tat. So weit er nur kann, wird er zum *Eroberer* des Fremden und Unbekannten. Die Fesseln eines vorgezeichneten Alltags werden ihm zu eng. Als *Aussteiger* schafft er sich Platz und neue Ziele. Seine Träume und Neigungen auch als Auftrag und Pflicht zu sehen kann nur der *Professionelle*. Unmögliches möglich zu machen, das nimmt sich der *Gladiator* vor und sucht sich sein Publikum. Der *Künstler* gestaltet daraus ein öffentliches Ereignis und Gesamtkunstwerk. Dass das nicht ohne Entbehrungen und Härte möglich ist, weiß der *Masochist* und freundet sich mit den Herausforderungen und Schmerzen an. Immer wieder sucht und findet der *Grenzgänger* gefährliches Terrain und wagt sich vertrauensvoll, selbstbewusst und in sich hineinhorchend Schritt für Schritt weiter vor. Als *Weiser* schließlich findet er seinen inneren

Rhythmus, transzendiert seine Träume und erlebt die Einheit von Körper und Geist.

Achim Heukemes ist immer noch unterwegs. Jeder Lauf ist genauso ein Schritt nach «außen» wie nach «innen». Angekommen ist «Easy rider» noch nicht. Sein Laufen ist ein permanentes Rad der Verwandlung. Die Wandlung ist nicht abgeschlossen. Immer noch versucht der Träumer, Träume zu träumen. Er kämpft, gewinnt, scheitert und lernt.

Der Träumer – Die Kunst, über das Wasser zu laufen

Ganz klar, Achim Heukemes ist ein Träumer. Ohne seine Träume wäre er nicht dahin gekommen, wo er ist. Selten habe ich einen Menschen kennen gelernt, der seinen Träumen so viel Raum gibt, der sie zulässt und der sie wirken lässt. Er versteht es zu träumen, und er versteht es, Träume als fruchtbaren, aktiven Antrieb zu nutzen. Sie sind das Schwungrad seines Lebens. Sie sind das Lasso, das er in die Welt hinauswirft und nicht mehr loslässt, bis er seine Visionen eingefangen und Wirklichkeit hat werden lassen.

«Nur, wenn man immer nur träumt, dann ist es auch nicht gut. Dann ist man ein Träumer. Ein Träumer, der nichts verwirklicht. Man träumt zwar, aber man verwirklicht nichts, weil man immer Angst hat vor irgendwas.»

Selten ist mir die notwendige und produktive Kraft von Träumen so klar vor Augen getreten. Achim Heukemes hat sich von Kindesbeinen an hinausgeträumt. Er hat den Mut gehabt, auch mal über das Wasser zu gehen, aber er hat dabei nie den Boden unter den Füßen verloren. Traum für Traum hat er seinen Lebensraum erweitert und etwas Besonderes erreicht. Durch seine Träume ist es ihm gelungen, «einfach ein bisschen wegzugehen aus der Normalität» und einen Lebens-Lauf zu verwirklichen, der seinen Fähigkeiten und Wünschen entspricht.

Meine Träume waren immer eben nicht das ganz Normale, nicht diesen ganz normalen Weg gehen. Ich habe auch die Schule gemacht und eine Lehre. Aber dann habe ich gesagt, ich möchte was anderes machen, ein bisschen was von der Welt sehen. Ich war immer gerne draußen in der Ferne. Da wir nicht viel Geld hatten, hatte es nur bis zum Rhein gereicht, zum Zelten und einmal im Jahr Urlaub in Italien. Das war in den 60er Jahren. Da waren wir in den Hochburgen Riggione oder Rimini. Das war ganz schlimm. Da warst du nicht weg, sondern da warst du wieder in Düsseldorf oder Köln. Ich dachte mir, das kann ja nicht alles sein. Ich möchte schon, wenn ich größer bin und mein eigenes Geld habe und mein eigenes Auto, woanders hin. Davon habe ich immer geträumt. Deswegen habe ich auch ganz schnell meinen Führerschein gemacht und mir einen alten Opel angeschafft mit 3-Gang Handschaltung.

So kamen die ersten Reiseerlebnisse. Über den Brenner fahren, mit dem Auto alleine, ein kleines Zelt aufbauen, einfach so zu leben und alles selber zu gestalten. Nicht irgendwo im Hotel, sondern draußen in der Natur. Ein bisschen abenteuerlich halt, nicht alles durchgeplant. Das ist nicht mein Ding, wenn alles durchdacht ist, wenn ich heute schon weiß, was ich morgen mache. Ich finde Überraschungen schön.

Der nächste Traum war es, einen großen Truck zu fahren. Weil ich in einer Spedition gelernt hatte, war das immer ein Traum, später mal so ein Riesending zu fahren. Das habe ich auch geschafft. Dann kam der Traum, ein Motorrad zu kaufen, wenn ich Geld habe. Auch den habe ich mir erfüllt. Mit dem Motorrad durch ganz Europa zu zischen, das war der Traum. Ich habe England durchfahren, bin durch Frankreich, Spanien und vor allem Italien gebraust. In Italien war ich am liebsten. Von der Mentalität und vom Essen her hat es mir da am besten gefallen. Toll waren auch die Schweiz und Österreich mit ihren vielen Pässen und Bergen. Aber erst waren das alles Träume, die ich hatte, wenn ich gearbeitet habe.

Wer hat nicht selbst schon solche oder ähnliche oder ganz andere Träume gehabt? Im Grunde träumen wir immer wieder den ganzen Tag über und nachts sowieso. Tagträume dauern oft nur Sekunden, mal dauern sie etwas länger. Mal sind sie hoch intensiv, sodass wir alles um uns herum vergessen, mal geistern sie eher nebenher durch unseren Kopf, während ein Auge immer noch in der Realität verweilt. Wir lassen die tollsten Drehbücher verfilmen, meist mit uns in der Hauptrolle, und setzen unsere Gewohnheiten und Ängste, unsere Pflichten und Abhängigkeiten außer Kraft. Wir tun Verbotenes und wir tun das, was wir schon immer tun wollten. Wir nähern uns vorsichtig und phantasievoll neuen Möglichkeiten und schließen alte Probleme oft überraschend leicht ab. Unsere Tagträume sind eine eigene Welt, die wir zum Teil bewusst gestalten und zum Teil sich selbst, d. h. unseren uns nicht bewussten Anteilen überlassen, die sich spielerisch austoben. Die Einstiegsschwellen sind nicht besonders hoch, wir haben die Zensur ausgesetzt. Tagträume haben wichtige Funktionen: Wir können Dampf ablassen, Trost finden, Lösungen suchen und vor allem probehandeln und Visionen entwickeln. All dieser nützlichen Funktionen bedient sich Achim immer wieder, besonders Letzterer. Indem er seine Träume nicht zu großen Seifenblasen werden lässt, die ein Eigenleben führen und irgendwann folgenlos zerplatzen, sondern sie tatsächlich zielstrebig und zäh verwirklicht, nutzt er ihre visionäre Kraft für seine Erkundungen der Welt und seine persönliche Entwicklung. Wenn einer nach langer Autofahrt sich immer noch am Ausgangspunkt in Düsseldorf wähnt, dann bleibt ihm erst mal nur die Traumreise, wenn er nicht resignieren will. Aber sie ist der Beginn einer wirklichen Reise, die auch wirklich zum Ziel führt.

Träume sind einfach da. Einfach da, um ein bisschen wegzugehen aus der Normalität. Ein bisschen rübergehen in das, was man vielleicht nie erreichen kann. Ich habe nicht gewusst, dass ich das alles erreiche und kriege und das Geld dazu habe. Wer träumt, der ist vielleicht nicht so eins, zwei, drei, vier, wo alles nach der Reihe geht, sondern der hat noch ein bisschen Freiraum. Der überspringt was, der springt vielleicht von eins auf acht und geht nicht nach Schema vor. Der ist nicht so einbetoniert, der hat Ideen. Vielleicht erreicht er sie nie. Aber ich habe versucht, wenn ich von irgendwas geträumt habe, mir das zu erfüllen. Dafür habe ich was getan.

Genau das ist es, was viele vergessen: versuchen, die Traumgestalt zumindest stück- oder ansatzweise Wirklichkeit werden zu lassen. Am Anfang steht immer ein inneres Bild, manchmal nur ein Gefühl von Sehnsucht. Wenn wir den Freiraum der Tagträume nutzen, kann daraus erst ein Gedanke und dann eine Geschichte werden. Dann haben wir einen Entwurf für etwas, und wir können an ihm feilen, bis eine Verbindung da ist zu unserem wirklichen Leben. Jetzt ist die Chance da, aber wir nützen sie viel zu wenig. Wir tun zu wenig dafür. Das unterscheidet die meisten von uns von Achim.

Früher habe ich gedacht, Familie haben ist auch schön. Frau und Kinder ist auch nicht schlecht. Du hast immer eine Umgebung. Aber ich habe gemerkt, da breche ich aus. Ich bin nicht der Typ, der 40 Jahre verheiratet sein kann. Ich kann nicht immer das gleiche Schema leben. Viele, die damit fertig werden, sind auch damit glücklich, das ist okay. Aber das ist genau das, was nicht mein Traum war: immer eingebunden zu sein. Deswegen sind auch meine zwei Ehen schief gegangen. Die erste Ehe nach sieben Jahren. Da kam das Fernfahrerleben dazu. Ist klar, da bricht man automatisch erst mal aus. Man sieht sich weniger. Ich war immer unterwegs. Die zweite Ehefrau war halt die

Motorradbraut. Als das Motorrad dann weg war, hatten wir uns auf einmal nichts mehr zu sagen. Wir waren wirklich nur zusammen für die Motorradzeit. So wie ich jetzt lebe, ist das besser. So ist das angenehmer, wenn jeder ein bisschen Freiheit hat und nicht so eingebunden ist.

Da Achim von Ehe und langen Partnerschaften nicht geträumt hat, konnten sie sich auch nicht entwickeln und reifen. Er hat ihnen keinen Raum gegeben. Die tiefe Sehnsucht ist ein Motor der Träume, und Träume sind die Voraussetzung, dass wir uns bewusst zu etwas hinbewegen. Das macht die positive Kraft von Utopien aus. Achim hat sich die idealen Voraussetzungen für seine Traumreisen geschaffen: Weniger Bindungen, weniger Verpflichtungen, dafür umso mehr Freiheiten.

Ich wollte nie stempeln, morgens und abends, das habe ich immer gehasst. Ich wollte kommen, wenn ich da bin, und wenn ich gehe, dann gehe ich. Das konnte man nur als Fernfahrer. Als ich dann später als Schichtführer in eine Firma eingetreten bin, musste ich zu einer gewissen Zeit da sein und stempeln. Gut, das habe ich umgesetzt und bin auch damit fertig geworden. Aber nur eine gewisse Zeit. Die hat zwar elf Jahre gedauert, aber nach diesen elf Jahren habe ich mir gesagt, nein, das kann nicht alles gewesen sein. Da kam wieder etwas in mir hoch, und ich habe wieder was gesucht und wieder angefangen von irgendwas zu träumen. Ich habe gemerkt, dass ich im Laufen sehr gut bin und mich immer weiter steigern konnte. Ein Profi, das wäre noch was, dachte ich mir. Na ja, da bist du schon zu alt. Ich habe noch nicht an mich geglaubt. Geträumt habe ich immer davon, wie ich mitlaufe und Rennen gewinne. Ich wurde immer besser und habe mich gefragt, warum ich den Traum vom Profi mir nicht erfüllen kann. Aber welche Firma würde denn einem 47-Jährigen Geld zum Laufen geben? Das waren meine Träume in der Nachtschicht. Dabei kam mir ein Gedanke. Es wäre doch ein Riesending, wenn ich vom Brenner nach Sizilien laufe, durch ganz Italien bis zum letzten Stein. Das wurde ein Traum, den habe ich ein paar Nachtschichten geträumt. Und dann habe ich beschlossen, dass ich davon nicht mehr träumen will, sondern dass ich das mache. Die Sache wurde konkret für mich. Wenn mich so eine Idee einmal erfasst, dann bringt man mich nicht mehr davon weg, dann fange ich an, sie umzusetzen.

«Umsetzen» ist ein Wort, das Achim oft gebraucht. Was er sich ausgedacht und vorgenommen hat, das setzt er um. Gedanken und Visionen setzt er in die Tat um. Ganz wörtlich und ganz praktisch benutzt er dieses Wort. In seiner direkten Bedeutung ‹verändert› er etwas, indem er aus der Idee eine Handlung macht und symbolisch indem er die Grundmenge dabei ‹vermehrt›, das heißt sich selbst in seinen Möglichkeiten ausdifferenziert und seinen inneren Umsatz vermehrt.

Es gibt noch ein paar Länder, durch die ich laufen möchte. Durch Nordamerika zum Beispiel, von Alaska runter nach San Diego. Du könntest oben in der absoluten Kälte starten und könntest ganz Nordamerika durchlaufen: Die Natur und auch die Menschen, wie die sich verändern auf diesem langen Lauf. Ich glaube, 6000 oder 7000 km sind das. Einfach toll, die Vorstellung.

Laufen und träumen passen gut zusammen. Wir regredieren ein wenig, vereinfachen die Welt und durcheilen sie. Wir lassen unseren Gedanken freien Lauf. Das rhythmische Spiel unserer Bewegungen beruhigt uns. Unser Bewusstseinszustand ändert sich. Der Boden unter unseren Füßen fließt als ruhiger Fluss. Die Landschaften gleiten vorbei, und unser Geist gleitet in stille Bahnen. Alles fließt. Wenn wir lange laufen, fließt ab und an alles zusammen.

Was habe ich noch für Träume? Dass ich gesund bleibe. Dass ich noch länger weitermachen kann als Läufer, um zu beweisen, dass man mit 50 plus noch nicht am Ende ist. Das ist mein größter Wunsch: den Leuten jetzt zu zeigen und auch der Gesellschaft zu zeigen, dass man mit 50 nicht weggestellt werden muss. Ich will zeigen, dass man sich dagegen aufbäumen und seine Träume ausleben kann und keine Angst davor haben muss. Man muss was riskieren. Ich bin auch ausgestiegen und habe was riskiert. Nur so kann man seine Träume verwirklichen. Nur wenn man immer nur träumt, dann ist es auch nicht gut. Dann ist man irgendwie ein Träumer. Ein Träumer, der nichts verwirklicht. Man träumt zwar, aber man verwirklicht nichts, weil man immer Angst hat vor irgendwas. Man muss eben ein Risiko eingehen. Das kann danebengehen, dann ist es auch nicht schlimm, aber dann hat man seinen Traum wenigstens versucht zu verwirklichen.

Beruflich habe ich schon ziemlich alles durchgemacht, und ich meine, in Deutschland kannst du nicht mehr viel träumen in meinem Alter. Ich versuche, so lange wie möglich zu laufen und später vielleicht mal als Berater zu wirken. Ich laufe jetzt immerhin schon 17 Jahre und 10 Jahre davon extrem. Da sammelt man schon Erfahrung. Die kann ich später anderen zur Verfügung stellen. Ich will mein Wissen weitergeben, vielleicht an Leute, die auch mal was anderes machen wollen. Sie fragen mich jetzt schon. So stifte ich quasi andere an, nicht nur zu Rennen zu gehen, die durchgestylt sind, sondern selber was auf die Füße zu stellen.

Der Trucker – Ein Leben on the road

Schritt für Schritt, Kilometer für Kilometer beginnt Achim Heukemes seine Träume umzusetzen. Er ist nun unterwegs, hinaus in die Ferne. Der LKW wird sein 2. Zuhause.
«Ich kam mir vor wie, ich weiß auch nicht wie. Ich bin über mich hinausgewachsen.» Die Straßen werden zu Straßen der Freiheit, aber sie bleiben auch der feste und richtungsweisende Boden unter seinen Rädern und Füßen. Der Geruch und die Härte des Asphalts begleiten ihn sein Leben lang. Diese Verbindung von Asphalt zu Achim ist immer da.
Mit dem Motorrad verschärft er die Geschwindigkeit, «lässt sich die Fliegen ins Gesicht klatschen» und sucht das Risiko. Er stößt an Grenzen. «1000 Engel» sind bei ihm. Er findet ein anderes Zeitmaß. Der Weg ist frei für den Läufer. Auch der will unterwegs sein auf den Straßen und Länder durchqueren. Aus dem Erkunden der Ferne wird immer mehr auch ein Erforschen der Nähe und ein Wahrnehmen der Natur und des Selbst.

1633

Der Fernfahrer war der Abenteurer der Straße. Trucker, das war noch ein Begriff. Man war nicht so terminlich gebunden wie heute. Vor 20, 25 Jahren ist das noch anders abgelaufen als heute. Man ist einmal die Woche nach Italien gefahren und hat da Aufenthalt gehabt. Einfach weg, raus in die Welt. Das hat mich fasziniert, weil ich nicht der Typ fürs Büro war. Eine Lehre wollte ich schon machen, damit ich was fürs Leben habe, eine abgeschlossene Ausbildung. Ich wollte nicht nur Fernfahrer sein, das ist kein richtiger Beruf. Die Lehre habe ich durchgezogen, aber danach hat mich nichts mehr gehalten. Ich war in einer Spedition, wo auch der Chef selbst mit im Büro war, und wir hatten ein sehr gutes Verhältnis. Der war diszipliniert, was ich auch bin seit meiner Kindheit. In der Spedition gab es einen großen Hof. Alle LKWs wurden versetzt hingestellt, sodass das ein unheimlich tolles Bild gab, 25 von den großen Zügen, die da so in Reih und Glied standen. Die Fernfahrer, die am Samstagmorgen oder Freitagabends reinkamen, hatten natürlich keine Lust zum Rangieren und haben gemotzt. Denen habe ich gesagt, ich mach's für euch. Samstag früh bin ich hingegangen und habe die Wagen schön in Reih und Glied hingesetzt. So hatte ich einen Stein im Brett bei allen. Es hat mich fasziniert, so ein Ding zu fahren. Das waren riesige Kabinen mit riesigen Betten hinten drin und der Klang, dieser Klang, wenn der Motor angeht. Früher waren es noch nicht so viel PS, aber 320 PS hatten sie alle schon, und das gab ein wunderbares Geräusch. Auch der Dieselgestank war herrlich. Wenn ich den gerochen habe, habe ich mich wohl gefühlt.

Früh in seinem Leben weht Achim der Geruch der Freiheit um die Nase, und er setzt alles daran, rauszukommen aus der Enge seines Alltags und den vorgezeichneten Wegen. Die Ferne und das Unbekannte locken ihn mit aller Macht. Fernfahrer zu werden, das war seine Chance rauszukommen und ein möglichst selbstbestimmtes Leben zu führen. Der Mythos von Freiheit und Abenteuer umwehte damals die Trucker, und viele schwelgten in ihm. Road movies waren eine eigene Filmgattung, und die Truckdriver wurden die Westerner der Landstraße. Ich erinnere mich gut daran, als ich mein Studium abbrach und als Gegenentwurf zur vorgeplanten Akademikerkarriere einen Job als LKW-Fahrer in Betracht zog. Der Drang war wohl nicht groß genug, und alles plötzlich hinter mir zu lassen, dazu fehlte der Mut und auch die innere Notwendigkeit. Achim hatte schon damals einen unbändigen und ausdauernden Willen. Er wollte wirklich weg, und der LKW war seine Chance.

Die Fernfahrer früher, das waren Kerle, gestanden wie ein Baum. Die hatten Schaufelhände, die mussten noch alles selber machen: Reifen wechseln, Ketten auflegen, kleine Reparaturen. Die hatten das nicht so gut wie heute, wo alle den ADAC anrufen. Das waren Typen. Gestandene Kerle, die auch gern mal was getrunken haben, die auch ein bisschen rau waren, aber sehr herzlich. Ich habe nie einen Fernfahrer kennen gelernt, der böse war oder hinterhältig. Es ging rau zu, klar, logisch. Es ist auch ein rauer Beruf. Man muss seinen Mann stehen.

Zuverlässigkeit und Härte sich selbst gegenüber hat Achim in dieser Zeit gelernt. Ein moralisches Gerüst ist entstanden, in dem klar war, was richtig und was falsch ist, und in dem der Handschlag und das versprochene Wort etwas bedeuteten. Eine harte Schale hat er sich zugelegt, die bewahren kann vor Fahrtwind und bedrohlichem Fremdem. Doch in seinen Augen und seinen immer wieder durchschimmernden sanften Anteilen ist für mich noch der kleine Bub zu

sehen, der sich schützen musste, weil er allein und auf sich gestellt war. Verständlich, dass starke und autarke Trucker seine Vorbilder wurden. Hart, aber herzlich, das Klischee passt zu Achim, auch wenn es nur einen Teil seiner Person spiegelt.

Dann habe ich meine ersten Touren gemacht. Der Hamburger Hafen, das war für mich riesig. Ich bin über mich hinausgewachsen. Ich bin in den Hamburger Hafen reingefahren, und da war eine Brücke. Ich habe den Fotoapparat rausgehalten und mich selbst geknipst, damit man sieht, wie ich reinfahre. Das war einfach super. Die ersten Fahrten, die waren gigantisch. Ich war damals erst 23 Jahre alt, und der Chef hat großes Vertrauen in mich gesetzt. Das habe ich unheimlich genossen. Wir haben immer über alles geredet, und er hat gesagt, hör mal, du musst morgen früh um sechs Uhr in Berlin stehen, du musst die ganze Nacht durchfahren, schaffst du das? Dann habe ich gesagt, logisch, schaffe ich, und ich habe es gemacht. Der konnte sich immer auf mich verlassen.

Oder er hat gesagt, du musst übermorgen in Turin sein und dort abladen. Ich konnte mir selber einteilen, wie ich das mache. Fahre ich bis München durch, schaue ich mir dort was an, schlafe ich vorher schon oder mache ich dieses oder jenes. Ich hatte immer einen Freiraum. Das habe ich in meinem Leben gebraucht: gewisse Freiräume. Ich muss bestimmte Entscheidungen selber treffen können. Das ist wie mit dem Laufen jetzt. Ich entscheide, ob ich weiterlaufe oder nicht. Genauso wie ich früher entschieden habe, ob ich eine Pause mache oder weiterfahre. Mein Chef hat nicht angerufen und gesagt, du musst bis dahin fahren oder darfst dort Pause machen. Das wäre nichts für mich gewesen. Deswegen habe ich auch in der Schule Probleme gehabt. Da musste ich mich total nach einem Plan ordnen. Damit hatte ich meine Probleme und durfte öfters in der Ecke stehen mit dem Gesicht zur Wand. Ich war immer schon etwas aufmüpfig und einer, der angeeckt ist. Ich habe mich nie platt schleifen lassen, wenn es um die Freiheit geht und wenn man mal was genießen kann. Ich bin mit meinem Truck einfach stehen geblieben und habe mir die Küste angeschaut, wenn sie schön war. Ich kann gut eine halbe Stunde an mir vorbeiziehen lassen, den Wellen nachgucken oder den Möwen und mich einfach hängen lassen. Auch deswegen war ich immer gerne Trucker.

Selbstbestimmte Arbeit, das klingt paradiesisch und war es wohl auch für die, denen die Nachteile des Fernfahrerlebens nichts ausmachten. Die Freiheit der eigenen Entscheidung, die hatte Achim als Kind lernen und leben müssen und die wollte er nicht mehr hergeben. Es gab für ihn keinen Wert von gleicher Bedeutung, der ihn dabei hätte stören können. Er hat auch keinen gesucht und entwickelt.

Motorradfahren hat mir super gefallen. Das war auch eine Art Freiheit. Zuerst hatte ich die 550 er Honda mit den vier Auspuffrohren. Nur zwei funktionierten, die anderen zwei waren zur Show da. Es sah halt toll aus, und es war die Freiheit auf der Straße. Nicht in einem Auto sitzen, sondern den Wind spüren und die Fliegen, die einem ins Gesicht klatschten. Das mitzunehmen, was die Natur bietet, wenn man nicht geschützt ist von Glas und Blech. Man hat sich unmittelbar wehgetan, wenn man hinfiel. Ich bin schon ziemlich risikoreich gefahren. Vor allen Dingen in den Bergen hatte ich immer diesen Rausch, die Kurven so tief wie möglich zu fahren. Kesses Fahren, das war mein Lieblingsding. Gucken, dass man mit der Fußraste unten aufsetzt und dass die Feuer sprüht. Funken mussten sprühen, das war das A und O. Manchmal ist die Maschine weggeglitten, aber es ist nie was Schlimmes passiert. Ich habe Schürfwunden gehabt, aber das ist nicht tragisch, das gehört dazu. Wenn ich ein

Risiko eingehe, muss ich mit dem Risiko leben. Ich kann auch mal was geben und habe dann ein Gefühl, was ich sonst nie habe. Dieses Kitzeln, wann ist die Raste jetzt unten. Wenn es dann gefunkt hat, war das ein Gefühl wie ein Höhepunkt.

Eine weitere Triebfeder von Achims zuweilen extremem Leben taucht auf: die Bereitschaft und der Wunsch, Grenzen zu erkunden Er will wirklich mit der Grenze in Berührung kommen, bis dass die Funken sprühen. Er will sie spüren und ist bereit, die Folgen zu ertragen. Nur so ist es möglich, seine eigenen Grenzen zu erfahren und zu verschieben. Dass er diese Erfahrung, die immer neu und oft schmerzhaft ist, genießen kann, hilft ihm, sie immer wieder zu suchen und zu nutzen für seine Entwicklung. Das Motorrad war ein spielerisches Mittel, das er dafür mit Freude und risikobereit instrumentalisierte.

Wir hatten eine Clique Freitagabends im Lokal. Alle haben sich getroffen, und wir haben überlegt, was wir am Wochenende machen. Ich habe gesagt, es wäre richtig toll, wenn wir von Wuppertal zur Eiger Nordwand fahren, Kaffee trinken und wieder zurückfahren. Erst haben sie gesagt, der hat einen Knall, das sind doch mindestens 2000 km, dann waren alle begeistert. Wir sind Samstag ganz früh losgebrettert, vier Maschinen, jeder mit seinem Mädel hintendrauf. Am Nachmittag haben wir Kaffee getrunken unterhalb der Eiger Nordwand und dann ging es wieder nach Hause. Nach ungefähr 25 Stunden fast ununterbrochen auf den Maschinen waren wir nachts gegen 2 Uhr zurück. Gut, das haben wir nur einmal gemacht. Das ist eine Kopfsache, eine Herausforderung an dich selber. Schafft man das? Kann man 2000 km nonstop nur zum Kaffeetrinken fahren? Ist das nicht blöde? Ja klar ist das ein bisschen blöde, aber ist doch wurscht.

Achim suchte Herausforderungen. Er stellte sich schwierigen Aufgaben, denen wir uns freiwillig nie stellen würden, nur um herauszufinden, ob er sie schafft und wie er sie schafft. Ausdauer wurde für ihn zu einem Experiment und zu einer Übung, in der er seine geistigen Kräfte erkannte und festigte. Die versetzten ihn in die Lage, das Ende seiner Motorradzeit nach einem schweren unverschuldeten Unfall zu akzeptieren. Der Schreck saß zu tief. Er hatte die Botschaft verstanden.

Ich habe die Straße aber nicht verlassen. Ich habe mich mein ganzes Leben auf Asphalt bewegt, vom Truck angefangen über das Motorrad und jetzt als Läufer. Ich laufe überwiegend auf Asphalt. Ich bin kein Querfeldeinläufer. Das kann ich nicht umsetzen. Ich brauche den Asphalt unter den Füßen, den harten Abdruck. Das Gefühl auf Asphalt ist für mich genau das richtige. Das kann ich beim Laufen gut umsetzen. So habe ich die Verbindung zur Straße nie verloren. Die zieht sich durch mein ganzes Leben. Diese Verbindung von Asphalt zu Achim ist immer da.

Weniger als in sich und der Stadt gefangener «Asphalt Cowboy», mehr als «Easy Rider» nutzt Achim die Weite und scheinbare Grenzenlosigkeit der Straßen für seine Reisen und Läufe, die nun keine Träume mehr sind. Er ist wirklich in Bewegung, nicht unbedingt, um wo anzukommen, eher um unterwegs zu sein, nicht zu Hause zu sein. Seine Freiheit erfährt und erläuft er on the road, außerhalb der sesshaften Konventionen. Das bewegte Sein steht im Vordergrund und ist Motiv genug, auch wenn ein klar umrissenes Ziel bei seinen Gewaltläufen eine wichtige Rolle spielt. Achim liebt einfach die Straße.

Dieser Abdruck, dieses Gefühl, wenn man mit dem Fuß aufsetzt und nicht wegrutscht. Die Kraft umsetzen zu können auf den nächsten Schritt, das gefällt mir. Auch den Geruch von Teer habe ich sehr gerne. Wie ich früher den Geruch vom LKW gut fand, finde ich es heute gut, wenn die Straße heiß ist und flimmert. Ich mag einfach die Umgebung Asphalt, obwohl ich auch mal auf einem Waldweg laufe, wo man der Natur noch etwas näher ist. Ich laufe keine Hauptstraßen oder Bundesstraßen, sondern ich laufe wirkliche Straßen, die auch in die Natur führen, aber einen harten Untergrund haben. Entweder sind sie asphaltiert oder hart wie Schotter und ganz fest. Ich habe auch sehr viele Bergläufe gemacht, weil wir in den Bergen gewohnt haben, z. B. den Osterfelder Kopf, die Zugspitze, die Kanzelwand, das Matterhorn, alles, was es gibt von den ganz großen Bergläufen. Doch ich habe gemerkt, das kann ich nicht gut umsetzen. Ich kann nicht so nach vorne gebeugt laufen. Wenn es 15–20% hochgeht, muss man einfach mit dem Oberkörper nach vorne. Da kann ich nicht gut atmen. Ich muss aufrecht und gerade laufen, um richtig durchatmen zu können. Deshalb bin ich im Marathon auf der Straße einfach besser. Da kann ich mich austoben. Ich habe die Bergläufe nur als Krafttraining genommen, um Kraft aufzubauen, die ich auf der Straße in Geschwindigkeit umsetzen kann. Dem Asphalt bin ich nie untreu geworden.

Der Einzelkämpfer – Nur sich selbst verantwortlich

Schlüsselkinder lernen früh, auf sich selbst aufzupassen und sich durch die Welt zu schlagen. Sie sorgen für sich, sie treffen Entscheidungen, sie sind für sich selbst verantwortlich. Wenn sie auch noch Einzelkinder sind, ist ihnen das Alleinsein wohlvertraut. Sie suchen Freunde, Gruppen, Kontakte, oder sie bauen sich, wie Achim Heukemes, ihre Welt, in der sie meist selbst der Mittelpunkt sind.

In Gruppen und Mannschaften fühlt sich Achim Heukemes nicht so wohl. «Ich war kein Typ, der sich anderen anpassen und für andere auch noch Verantwortung tragen wollte. Man ist dann immer auf andere angewiesen, und das wollte ich nicht.» Er ist kompromisslos, wenn es um ihn selbst geht und wenn er sich für etwas entschieden hat, lässt er sich «schlecht anders umbiegen». Das macht es manchmal etwas schwierig für andere: «Mit mir ist nicht einfach zu leben, glaube ich.»

Achim Heukemes sucht sich keine Begleiter. Er ist gern alleine und «möchte auch der Einzelgänger bleiben, weil ich einfach vom Typ her so bin ... Deshalb finde ich es besser, wenn man alleine ist oder wie so eine Art Einzelkämpfer, dann kann man die Entscheidung immer selbst treffen und muss sie auch nur selber verantworten.»

Ich glaube, ich bin ein bisschen aus der Art geschlagen. Es hat in der Schule angefangen. Ich war eckig, kantig und nie ein Gruppentyp. Das ist mir schon als Kind aufgefallen. Ich habe mich in der Gruppe nie wohl gefühlt. Entweder war ich nur mit einem zusammen oder alleine. Ich habe mich auch alleine quer gestellt in der Schule. Deswegen durfte ich oft in der Ecke stehen, zehn Minuten mit dem Gesicht zur Wand. Es war ein komisches Gefühl. Man ist immer mit irgendwas nicht einverstanden. Ich finde, man soll das dann ruhig sagen. Entschuldigen kann man sich später immer noch. Oft war es bei mir nur Aggressivität. Ich habe immer hinten gesessen und hatte eine Einzelbank. Das wollte ich so, weil ich nicht der Typ bin, der stundenlang mit jemand reden muss. Ich rede zwar gern, aber ich bin nicht einer, der Kaffeekränzchen halten kann. Das behagt mir nicht. Darum laufe ich auch nicht gerne in der Gruppe, wo ich ständig reden muss. Ich war immer Einzelkämpfer. Ich habe viel gemacht, aber alleine. Das hat sich auch im Berufsleben fortgesetzt. Im Büro habe ich mit mehreren zusammengesessen. Ich habe das zwar ertragen, aber ich kann so was nicht lange ertragen. Ich habe geguckt, dass ich meine drei Jahre Lehre rumkriege, denn mir war klar, dass ich da wieder rausmuss. Fernfahrer war das Richtige für mich. Ich habe meinem Chef direkt gesagt, dass ich alleine fahren will. Ich brauche keinen, der neben mir sitzt und mich den ganzen Tag voll qualmt und quakt.

Die Weichen waren schon früh gestellt für Achim. Ob er sie selbst gestellt hat aus freiem Antrieb oder ob die Umstände ihn dazu brachten, mag offen bleiben. Was zählte für seinen weiteren Lebensweg, war sein Bestreben, alleine zu sein und sich nicht den

Folgen eines allzu engen Kontakte, auszusetzen. Er brauchte nicht viele Kontakte, und er hatte keine Angst vor dem Alleinsein.

Wenn es mir irgendwo gefällt oder ich sage, das möchte ich jetzt machen, dann möchte ich das auch machen. Ich finde es besser, wenn man alleine ist oder wie so eine Art Einzelkämpfer, dann kann man die Entscheidung immer selbst treffen und muss sie auch selber nur verantworten.

Achim kam schon früh mit sich selbst zurecht, was nicht jedem gegeben ist, und er wollte seine Entscheidungen immer selbst treffen und selbst über sich bestimmen. Er suchte geradezu das Alleinsein und tut das heute immer noch. Darum ist Sport oder Laufen in Gruppen für ihn nur die Ausnahme. Teamspirit oder der Geist von «11 Freunde müsst ihr sein» treiben ihn nicht an.

Im Nationalteam laufe ich ab und zu ganz gerne. Einmal im Jahr gefällt mir das sehr. Da setze ich mich auch ein dafür. Das ist dann super für mich. Aber ich könnte nicht ständig im Team laufen. Deswegen war ich auch nie Fußballer. Ich war kein Typ, der sich anderen anpassen und für andere auch noch die Verantwortung tragen wollte. Man ist dann auf andere angewiesen, und das wollte ich nicht. Ich will Entscheidungen selber treffen. Ich möchte nicht gerne die Entscheidungen für andere treffen. Ich bin auch nicht der Mannschaftstyp, weil man dann auch Verantwortung für die anderen trägt. Man muss was einbringen in die Mannschaft oder die Clique, damit man was kriegt. Ich akzeptiere das und kann damit umgehen, aber nicht auf Dauer. Das habe ich immer wieder gemerkt. Schwimmen ging noch, da war man alleine im Wasser. Fußball, Basketball und andere Gruppenspiele habe ich nie lange durchgehalten, davon habe ich mich immer wieder schnell verabschiedet. Selbstverteidigung war schon wieder was anderes. Da war ich für mich allein, und das war eine ganz andere Sache.

Es sieht so aus, als ob Achim der geborene Einzelkämpfer ist. Er lebt auf sich bezogen und schätzt es, auf sich alleine gestellt zu sein. Er schlägt sich durch in voller Verantwortung für sich selbst. Auf andere möchte er nicht angewiesen sein und auch keine Verantwortung für andere übernehmen. Das verengt den sozialen Blick ein wenig und hat Auswirkungen auf privates Miteinander und Partnerschaften.

Ich war zweimal verheiratet, aber mit mir ist nicht so einfach zu leben, glaube ich. Das ist manchmal schon schwierig. Durch mein vieles Einzelgehen bin ich gewohnt, Entscheidungen zu treffen und die auch so durchzuführen. Ich lasse mich schlecht umbiegen. Wenn ich irgendwas entscheide, steht das meistens. Ich will nicht lange diskutieren. Oft gehe ich von der Entscheidung nicht mehr runter. Meistens war es bis jetzt immer richtig. Es gibt manche Sachen, da meint meine Eva, die gehen nicht gut. Aber ich sage, das geht gut, wie z. B. die 1000 Meilen von Hamburg. Sie war die Zweiflerin. Sie meinte, du wirst sehen, da sind viel zu viele Menschen. Sie hat ja Recht gehabt, aber es ist trotzdem gegangen. Die Leute haben mich zwar aufgehalten, und ich habe die Weltbestleistung nicht geschafft, aber ich habe gezeigt, dass es geht, dass man auch unter diesen Belastungen eine Weltklasseleistung bringen kann.

Es ist sicherlich nicht einfach, mit Achim eng zusammen zu sein. Er zieht klare Grenzen und sieht die Welt aus seiner Perspektive, aber er tut dies auf eine ehrliche und offene Art und Weise. Take it or leave it. Er macht keine falschen Versprechungen. Jeder kann ziemlich schnell herausfinden, woran er ist. Beziehungen sind durchaus möglich, aber es sind Beziehungen der eigenen Art.

Mit Eva mache ich, wie in den früheren Ehen, schon Kompromisse, das ist klar. Nur wenn es sich um mich dreht, bin ich ziemlich kompromisslos. Da entscheide ich. Das war ich schon immer so gewohnt. Entweder die anderen schließen sich an, oder ich mache das alleine. Da bin ich nicht bereit, viel zu diskutieren. Ich brauche Phasen, wo ich für mich bin, wie beim Laufen. Da gehe ich raus und laufe für mich alleine. Ich suche mir nicht wie andere ständig jemand zum Mitlaufen. Das habe ich nie gebraucht. Weder bei der Arbeit noch sonst wo. Ich kann auch nicht den ganzen Tag mit Eva zusammen sein. Es ist gut so, dass einer da arbeitet und der andere dort. Es gibt viele, die arbeiten auch noch zusammen. Das würde ich nie anstreben. Da bin ich schon der Einzelgänger und möchte auch der Einzelgänger bleiben, weil ich einfach vom Typ her so bin.

So bringt Achim ideale Voraussetzungen mit, um sich in langen Läufen selbst durchzubeißen. Er ist ungebunden und fühlt sich nicht in emotionalen Abhängigkeiten. So wie er Einzelgänger ist, ist er auch Einzelläufer. Er kann sich wirklich laufen lassen und braucht auf niemanden Rücksicht zu nehmen. Bei auftretenden Schwierigkeiten greift nicht der Reflex «wer kann mir jetzt helfen», sondern «wie löse ich das Problem». Das ist ihm als Einzel- und Schlüsselkind, das zudem später noch die Trennung der Eltern verkraften musste, in Fleisch und Blut übergegangen.

Weil meine Eltern beide arbeiten waren, war ich ein Schlüsselkind. Mit 12 schon habe ich meine Schulsachen alle alleine gemacht, da konnte man sich darauf verlassen. Ich habe auch für mich selber gesorgt. Ich war immer für mich selber verantwortlich. Das ist so weiter gewachsen. Ob in der Schule alles richtig war, ob ich meine Hausaufgaben richtig gemacht habe, dafür war ich immer selber verantwortlich. Das hat sich später im Beruf fortgesetzt. In den Firmen, die mir das Vertrauen gegeben haben, selbst zu entscheiden und dafür auch Verantwortung zu tragen, habe ich mich am wohlsten gefühlt.

Nicht nur das Alleinsein hat Achim von Kindesbeinen an gelernt, sondern auch in letzter Konsequenz innere und äußere Verantwortung für sich zu übernehmen, was manchem bis ins hohe Alter nicht so recht gelingen will. Dennoch schimmert wieder so etwas wie eine stille Sehnsucht nach Geborgenheit durch die autarke Schale. Es ist nur ein kleiner Strahl, kein existenzielles Bedürfnis, aber er reicht für gebende und empfindende Wärme und Fürsorge. Vielleicht fehlen Achim einfach nur die guten Erfahrungen von intakten und anhaltenden Gruppen und Beziehungen, vielleicht schützt er nur ein verletztes und verletzliches Inneres. Wahrscheinlich ist, dass seine Ausdauer absorbiert ist für das Leben auf der Straße und seine langen, langen Läufe.

In einer Beziehung hat man einfach jemand, der für einen da ist, von der einen Seite wie von der anderen. Jemand, dem man auch mal was erzählen kann, was man den anderen nicht erzählt. Abends ist man nicht so alleine, man plant und unternimmt was zusammen. Bei mir ist Eva immer mit dabei. Auch wenn sie manchmal davon nicht so erbaut ist und gesagt hat, die 1000 Meilen von Hamburg würde sie nicht nochmal machen. Man wächst zusammen mit all dem, was man macht. Das ist schon gut so. Ich möchte nicht ganz alleine leben, obwohl ich lieber alleine trainiere. Ein Eremit, das möchte ich nicht werden ...

Ich habe zwar gute Bekannte, früher Motorrad- und Truckerkreise, jetzt bei den Läufern, aber man kann das nicht als Freundschaften sehen, die das ganze Leben halten. Es ist nicht so, dass mir was fehlt. Eine Freundschaft, das ist was Längeres, eine Vertrauenssache. Es ist natürlich toll, wenn man einen

Freund hat, auf den man sich hundertprozentig verlassen kann, wenn irgendwas ist. Das ist bestimmt nicht schlecht. Mir ist das noch nie begegnet, und deswegen habe ich auch nicht das Verlangen danach.

Der Eroberer – Anschauen, anpassen, lernen, etwas mitnehmen

Der sechsjährige Achim durchschwimmt den Rhein, obgleich er noch gar nicht richtig schwimmen kann. Damit war er den Gleichaltrigen ein Stück voraus und hatte etwas erfahren, über das die anderen nicht mitreden konnten.
Achim Heukemes erobert sich die Welt. Immer wieder stellt er sich dem Fremden und Unbekannten. Er macht Erfahrungen, er lernt Neues kennen, und vor allem lernt er. «Indem ich was erobert hab, hab ich auch mein Wissen erweitert.» Er geht dabei mutig, aber behutsam zu Werke: «Erst mal umschauen, nicht direkt eine große Klappe haben, sondern erst mal gucken, das ist wichtig.»
Sein Drang, die Welt, sich und seine Grenzen zu erkunden, ist ungebrochen. «Solang man gesund ist, soll man auch was machen. Irgendwas erobern oder irgendwas, einfach so.» Etwa mit einem Schlitten zum Nordpol ziehen: «Die Einsamkeit, nichts anderes, monatelang da durchziehen.» Laufen und lernen. Den gesamten nordamerikanischen Kontinent durchlaufen, um den Wandel von Natur und Mensch zu sehen. «Ansonsten gucke ich, dass ich halt noch ein bisschen was von der Welt erobere im Laufen. Im Laufschritt sozusagen.»

Indem ich schon als Sechsjähriger den Rhein durchschwommen habe mit den Großen, war ich den anderen Gleichaltrigen ein Stück voraus, weil ich was erfahren habe, bei dem die anderen, die am Rande geschwommen sind, nicht mitreden konnten. Wie ist es, an einem Schiff vorbeizuschwimmen? Wie ist es, die hohen Wellen zu durchtauchen? Von so was konnten die anderen nicht erzählen. In der Schule allerdings war ich nicht der Eroberer. Ich habe Probleme, lange ruhig zu sitzen, wenn mir einer was vorträgt, und immer nur aufzunehmen und nichts wiedergeben zu können. Acht Stunden festzuhängen gab mir das Gefühl, nicht ausbrechen zu können. Trotzdem habe ich mich durchgeschlängelt. Aber ich hatte nicht das Bedürfnis, irgendwas zu erobern, der Klassenbeste zu sein oder nach vorne zu streben. Ich habe mich mit dem Mittelmaß begnügt, was ich sonst nicht tue. Auch im Büro war ich nicht bereit, lange sitzen zu bleiben. Ich habe das Gefühl gehabt, ich verkümmere dort. Ich musste immer raus. Ich dachte mir, wenn ich hier sitze, dann sehe ich ja nichts. Jeden Tag dieses Büro, diesen Schreibtisch und das bis zu meinem Lebensende oder auch nur die nächsten 10 oder 20 Jahre. Das wollte ich nicht. Für manche ist das ganz gut, die wollen das. Ich wollte lieber auf einen Truck und raus, um erst mal Deutschland kennen zu lernen.

Schon in der Schulzeit macht sich Achims motorische Unruhe bemerkbar. Auch jetzt ist das noch so. Lange zuhören will er nicht, und lange Sätze lässt er auch nicht zu. Er ist immer in Bewegung, mit seinen Gedanken und seinem Körper und steht gerne auf, um dieses oder jenes zu holen oder zu zeigen. In ihm ist viel Bewegung, und die will sich ausdrücken. Das klassische Uhrwerk funktioniert durch eine Unruh. Nichts anderes hält den Läufer Heukemes in

Trab. Wie ein Uhrwerk kann er laufen, lange und zuverlässig. Unruhe ist ihm eingeschrieben, und er hat einen Weg gefunden, sie für sich zu nutzen. Sie ist seine Antriebsenergie und ein steter Quell seiner Expansion.

Durch die Fahrten habe ich viel erlebt und erfahren. So viel hätte ich im Büro nie gelernt. Dadurch dass ich das Land immer mehr erobert habe, habe ich auch mein Wissen immer mehr erweitert. Am Anfang schwitzt man, das ist klar. Das erste Mal, als ich am Brenner war, habe ich jemand gefragt, ob er mir zeigt, wie die Formalitäten gehen. Am Anfang muss man sich durchmogeln. Wenn man's ein paar Mal gemacht hat, dann weiß man's. Man muss halt aufpassen. Viel schauen und vor allen Dingen auch was mitnehmen davon, damit man beim nächsten Mal nicht wieder jeden fragen muss. So ist das auch, wenn man sich in fremden Ländern bewegt. Erstmal umschauen, nicht direkt eine große Klappe haben, sondern erst mal gucken, das ist wichtig. Da sind wir Deutschen nicht so beliebt in der Welt, weil wir immer so auftrumpfen. Also erst mal ein bisschen anschauen, ein bisschen anpassen und ein bisschen lernen, was mitnehmen. Nicht immer, wenn andere was anders machen, sagen, nee, das ist blöd.

Auch im Privatleben bin ich weit weggefahren. Ich kannte mich überall aus, wusste, wie man über die Grenzen fährt, wie man sich da benimmt und wie das schnell abzuwickeln geht. Ich konnte mein Wissen im privaten Leben, wenn ich mit dem Motorrad gefahren bin und meine Europatouren gemacht habe, gut verwerten. Man erobert dann ein Land für sich. Man nimmt Eindrücke mit, die man behält. Auch wenn man die Sprache nicht kann, kann man viel lernen und viel mitnehmen an Kultur oder Wissen und von der Landschaft her. Ich lerne ständig dazu. Das ist nicht ein Lernen wie in der Schule, deshalb gefällt mir das besser. Ich muss nicht pauken, sondern kann alles selber für mich und in mich aufnehmen und daraus meine Schlüsse ziehen. So kann ich das Neue besser verinnerlichen. Das ist der Punkt für mich, dass ich nichts unter Zwang machen muss. Wenn ich frei entscheiden kann und sagen kann, ich bin damit einverstanden, ich nehme das jetzt auf, dann geht das auch richtig rein. Dann behalte ich das auch, dann setzt sich das besser bei mir.

Learning by doing, dieses Grundprinzip des Lernens hat sich Achim zu Eigen gemacht. Nicht die theoretische hypothesengeleitete Annäherung an die Welt steht im Vordergrund, sondern die praktische, versuchsorientierte Erkundung. Schritt für Schritt, Fahrt für Fahrt, Lauf für Lauf vergrößert er seine Reichweite. Alles, was er dabei sieht und hört, ausprobiert und erspürt nimmt er in sich auf als ein Stück Realität, so wie sie ist. Derart verdaute Erfahrungen prägen ihn und machen sein Wissen aus. Sie sind Basis und Methode für mutiges Voranschreiten auch auf fremdem Terrain. Aus diesem Vorgehen gewinnt er innere Sicherheit. Dabei ist es wichtig für ihn, dass er sich dem Neuen frei und willig nähert, ohne dass ihn jemand dazu nötigt. Er will der Herr seiner selbst bleiben, auch seines Lernens. Damit nutzt er ein anderes Lernprinzip, das besagt, dass Lernen ohne Zwang allemal erfolgreicher ist als solches mit großem Druck dabei. Druck von anderen gefällt Achim nicht. Genauso wenig wie tägliche Routine und festgelegte Bahnen. Das löst eher seinen Widerstand aus. Er sucht sich eigene Wege und entwickelt dadurch viel Kreativität. Auch das fördert sein Lernen. Seinem Drang nach Unabhängigkeit und Selbstbestimmung kam der Geist der 60er Jahre entgegen.

Ich möchte nicht in Nostalgie verfallen, aber ich finde einfach, die 60er Jahre waren toll. Vor allem die Musik. Heute dagegen gefällt mir vieles nicht so. Ich bin froh, dass ich in dieser Zeit aufgewachsen bin: dieses Erobern, dieses Neuentdecken, dieses

Anecken und Revolutionieren. Die Jugend war aufmüpfig, hat sich nicht alles gefallen lassen und hat Ideen gehabt. Sie haben was anderes gelebt, was anderes gemacht, sind ausgebrochen und haben gezeigt, dass es auch noch was anderes gibt.

Achim ist ein Kind seiner Zeit. Die Auf- und Ausbruchsstimmung der 60er Jahre hat ihn geprägt. Seine Musik-Helden stammen aus dieser Zeit: Neil Young, Mitch Ryder, The Who. Er ist in eine wilde Zeit hineingeboren, die alles für möglich hielt, aber nicht alles verwirklichen konnte. Für sich aber hat er viel verwirklicht. Er ist immer wieder ein bisschen ausgebrochen. Er war offen für das, was auf ihn zukam, und hat dadurch neues Land erobert. Die Zeitläufte entsprachen seinem Freiheitsdrang. Er konnte ihn ausleben und kultivieren als eine stete off-road-Bewegung, die ihn abseits des Mainstreams führte und den Raum eröffnete, sich zu verwirklichen. Seinen Eroberungsdrang hat er sich bewahrt, und er möchte immer noch wilde, risikoreiche und extreme Touren und Läufe machen.

Ich würde gerne so eine Sache machen wie Reinhold Messner sie gemacht hat: Nord- oder Südpol. Die Einsamkeit, nichts anderes, monatelang da durchziehen. Nicht alleine, mit jemandem zusammen, weil ich die Erfahrung nicht habe. Schade, dass Messner nichts mehr macht. Was ich selber machen könnte, wäre, den nordamerikanischen Kontinent laufend zu erobern. Von Alaska runter bis zur Meeresenge, wo es dann rübergeht nach Südamerika. Es sind viele Kulturen, die da aufeinander treffen, und vor allen Dingen viele Naturereignisse, die im Wandel sind. Das finde ich spannend von den einzelnen Menschen und Kulturen her, was sich da abspielt, wenn man läuft und lernen kann. Es gibt noch andere Ideen. Zum Beispiel die höchstgelegene Salzwüste, das Salzmeer in Bolivien, das 3600 Meter hoch liegt, zu durchqueren. Das sind Herausforderungen, die mit großem finanziellen Aufwand verbunden sind.

Mit den äußeren Eroberungen korrespondieren immer die inneren. Dem Kennenlernen der Welt entspricht das tiefe Vertrautwerden mit sich selbst. Mit jeder Reise, mit jedem Lauf lernt Achim fürs Leben. Was er für das Unterwegssein braucht, das ist ihm wichtig. Besitz oder feste Güter sind dabei nur hinderlich.

Wichtig ist mir, gesund zu bleiben, mein Leben so weiterführen zu können. Ein Haus muss ich nicht unbedingt bauen. Ich bin mit 50 zu alt, um mit dem ganzen Theater noch anzufangen, das man da am Hals hat. Ich habe kein Bestreben, große Reichtümer anzulegen. Ich möchte das Geld zwar nicht rausschmeißen, aber damit was erleben, nicht unbedingt alles auf die Seite legen. Ich gucke, dass ich fürs Alter was habe und nicht betteln muss, aber ich muss nicht Berge von Geld haben. Solange ich gesund bin, möchte ich noch was erleben und erobern. Das hängt immer von der Gesundheit ab. Wenn ich irgendwann einen Unfall habe und nichts mehr machen kann, dann nützt mir alles nichts mehr. Dann habe ich zwar viel Geld, aber ich kann nichts mehr machen. Solange man gesund ist, soll man auch was machen. Irgendwas erobern oder irgendwas anderes, einfach so.

Bei mir ist das immer mit Laufen verbunden. Wenn ich irgendwo hinfahre, dann möchte ich da auch was machen, vor allem laufen. Ein reiner Urlaub interessiert mich nicht. Wochenlang auf einem Schiff hängen möchte ich nicht gerade. Ich plane nie weit im Voraus, weil ich nicht weiß, was in fünf Jahren ist. Wenn einer vor fünf Jahren gesagt hätte, du wirst Profi, hätte ich gesagt, du spinnst. Es ändert sich immer was, und ich gucke, dass ich da mitgehen kann. Wenn sich noch etwas verändern sollte im positiven Sinne, dann würde ich es mitmachen. Wenn es irgendwas Positives ist, was mich begeistern würde, dann weiß ich, dann würde ich es auch machen. Ist egal, wie alt ich bin.

Erfahrungen habe ich genug. Noch etwas Großes, Weltbewegendes lernen muss ich nicht mehr. Sprachen würde ich gerne können, aber da tue ich mich unheimlich schwer. Manche beneiden mich um das Laufen, und manche beneide ich, die drei oder vier Sprachen sprechen. Wenn das einer beherrscht, der kann sich in der ganzen Welt bewegen, ohne irgendwo stehen zu bleiben und nicht zu wissen, wie es weitergeht. Manche können das, denen fließt das so zu. Das ist eine Gabe, die nicht jeder hat. So wie ich zum Laufen die Gabe habe. Vielleicht mache ich wieder Kampfsport, Taekwondo oder Ähnliches. Das habe ich früher schon gemacht, aber es darf dem Laufen nicht schaden. Es soll nur Ausgleich sein, um den Körper wieder an andere Bewegungen zu erinnern. Ansonsten gucke ich, dass ich halt noch ein bisschen was von der Welt erobere im Laufen. Im Laufschritt sozusagen.

Der Aussteiger – «Es gibt Chancen im Leben, die kriegt man nur einmal.»

Immer wieder wird es Achim Heukemes zu eng. Vorgezeichnete Wege auf Dauer zu beschreiten behagt ihm nicht. Flüchten oder Standhalten? Die Frage stellt sich ihm so nicht. Es scheinen weniger Fluchtbewegungen als vielmehr ein Entwicklungsdrang zu sein, der ihn veranlasst, die eingefahrenen Pfade zu verlassen und Neues auszuprobieren. Er braucht Raum für neue Ziele. «... an Kreativität hat es mir nie gefehlt in dem Sinne, wenn es um was geht, was ich ausleben kann. Wichtig ist halt, dass ich es ausleben kann.»
Sein Ausstieg ist immer gleichzeitig ein Einstieg, keine ziellose, lebensferne Verweigerung. Mit Risikobereitschaft und dem Vertrauen auf seine Intuition nutzt er die Chancen, die sich ihm bieten. So hat er in stetiger Veränderung die Bedingungen geschaffen, die es ihm ermöglichen, sich näher zu kommen. Die Unruhe seines Herzens kann er als Läufer stets nutzen. Das Laufen hält ihn gleichermaßen in Trab und bringt ihn zur Ruhe. «Es gibt Chancen im Leben, die kriegt man nur einmal.»

CAN'T
STAND
THE
HEAT
GET OUT OF THE VALLEY
DEATH VALLEY
NATIONAL PARK

Aus den normalen Verhältnissen bin ich immer ausgestiegen, aus allem, was vorprogrammiert war. Da wollte ich nie rein oder habe immer versucht, wieder rauszukommen. In der Familie war das auch so. Ich war viel weg, weil ich es anscheinend zu Hause nicht Tag und Nacht ausgehalten habe. Kann sein, ich bin vor mir selber weggefahren mit dem Truck, obwohl ich auch gerne wieder zu Hause war am Wochenende. Doch nach drei Tagen war ich froh, dass wieder Montag war und ich weg konnte. Ich musste immer irgendwie unterwegs sein und was machen. Dieses normale Leben, bei dem man um 17.00 Uhr nach Hause kommt, den Abend verbringt und morgens um 7.00 Uhr wieder weggeht, diesen Rhythmus habe ich in meinem Leben nie richtig gehabt. Ich habe Freiräume gebraucht. Dafür bin ich eben ab und zu aus dem Normalen ausgestiegen. Rausgehen und mit dem Motorrad wegfahren, das war so ein Ausstieg. Vom anderen wegzukommen, um seine Freiheiten auszuleben. Auch mal davon zu träumen, wie Toni Mang zu fahren. Der war zu der Zeit ein Star. Ich hatte auch eine Kawa, eine grüne. Mit der bist du immer ein bisschen ausgestiegen. Ich riskiere gerne was. Ich wäge nicht lange ab, sondern entscheide ziemlich aus dem Bauch raus. Ich frage nicht, ob ich weniger verdiene oder einen anderen finanziellen Schaden habe. Das ist nicht immer das Wichtigste. Man muss auch mal nach seinem Gefühl handeln und sagen, wenn ich das machen will, muss ich auch ein Risiko eingehen. Ich mache das ganz gerne. Das ist so ein Kribbeln: geht's gut, geht's nicht gut. Wenn es nicht gut geht, dann habe ich Pech gehabt.

Konsequent setzt der Eroberer seine Ausflüge aus dem Normalen fort. Seine Ausstiege sind kein plötzliches Hinschmeißen oder Auf-

geben, mehr der Drang, nicht in einen routinemäßigen Alltagstrott zu verfallen, der zum Lebensrhythmus werden könnte. Der Antrieb dazu kommt eher aus dem Bauch, aber dennoch ist das Aussteigen bei Achim fast etwas Systematisches. Er will wirklich etwas hinter sich lassen, und er freut sich immer auf Neues. Manchmal läuft er auch weg, um Freiräume zu haben und die Mühlen des Alltags nicht zu spüren. Auch privat ändert er oft und grundlegend seinen Weg.

Nach dem Ende der Motorradzeit bin ich nach Mittenwald gezogen. Ich dachte, jetzt ziehe ich in die Berge, das ist mal was anderes. Ich habe gedacht, da lebt es sich gut. Die Umgebung hat mir gefallen, ich war schnell in Italien. Aber es ist nicht gut gegangen. Ich bin nie warm geworden dort. Ich bin mit dem Menschenschlag nicht zurechtgekommen. Wenn du aus einer anderen Region kommst, ist es schwierig, mit den Menschen dort klarzukommen. Ich hatte mich getäuscht. Es hat nicht geklappt. Ich habe auch keinen gescheiten Beruf gefunden da unten. Ich wollte raus aus dem Fernfahrerleben, weil es immer schlimmer wurde. Ich hatte die Nase voll und wollte was anderes machen. Zum Glück bin ich damals oft nach Nürnberg gefahren zu einer Firma, um für Österreich zu laden, und die wollten mich unbedingt haben. Ich kannte den Schichtführer gut. So einen Typ wie dich, hat er gesagt, so diszipliniert, so ordentlich und zuverlässig, den könnten wir hier gut gebrauchen. Ich habe auf die Sachen geachtet. Ich habe keinen an meinen LKW gelassen und immer selber geladen, weil es so sein sollte, wie ich es wollte und die anderen das nie kapiert haben. Wenn was kaputt war, habe ich das wieder in Ordnung gebracht und nicht einfach reingestellt und gedacht, sieht ja keiner. Das wäre gegen meine Prinzipien gewesen. So bin ich nach Nürnberg gekommen. Ich musste zwar erst mal Stapler fahren als Einstieg, aber innerhalb von drei Monaten war ich Schichtführer. Mein Chef dort, das war halt ein Mensch, der hatte die gleiche Wellenlänge wie ich:

disziplіniert, alles ordnungsgemäß, kein Zuspätkommen. Man hat keine Verträge abgeschlossen, sondern hat sich die Hand gegeben. Mit solchen Menschen komme ich gut klar, mit denen komme ich sofort näher in Kontakt. Die liegen mir.

Auch wenn ein Ausstieg mal nicht so klappt und sich die Hoffnungen nicht erfüllen, findet Achim immer wieder einen Ausweg und eine neue Richtung. Immerhin hat er in den Bergen mit dem Laufen begonnen, und es hat ihn gleich gepackt. Um besser zu werden, und er wollte ja was werden als Läufer, nachdem ein Experte ihm das prophezeit hatte, musste er etwas ändern. Er hat sich für das Laufen entschieden und die von ihm ungeliebten geregelten Arbeitszeiten in Kauf genommen. Ganz tief im Innern ist ihm das Geregelte, das Prinzipielle gar nicht so fremd. Achim hat sich geordnete berufliche Bahnen geschaffen, um auf anderen Bahnen die Grenzen zu verschieben und Abenteuer zu erleben. Es ist nur ein scheinbarer Widerspruch, dass der Aussteiger aus seinem Aussteigen aussteigt.

Es war für mich die Chance, vom Fernfahren wegzukommen, auszusteigen aus diesem ganzen Milieu und einfach rauszukommen, obwohl ich dann stempeln musste, was ich nie wollte. Jetzt musste ich morgens um 6.00 Uhr da sein und stempeln und, wenn ich um 14.00 Uhr ging, wieder stempeln. Ich hatte Schichtarbeit, aber ich wusste, ich kann jetzt noch mehr trainieren. Ich war als Fernfahrer an einem Punkt angekommen, wo nichts mehr ging. Von der Zeit her und von der Müdigkeit ging nicht mehr viel. Ich war zwar wieder mehr im Büro, vor dem ich früher weggelaufen bin, aber jetzt war es anders. Ich hatte eine eigene Schicht und zwanzig Mann unter mir. Arbeitsmäßig habe ich mich da echt gut gefühlt. Ich konnte weiter viel trainieren und habe mein Leistungsniveau sehr gesteigert. So zehn Jahre ging das ganz gut, und dann kam ich wieder an einen Punkt, da habe ich gemerkt, es verändert sich alles in der Firma. Früher hatten wir zwanzig Leute, das war die feste Crew. Die kanntest du, und die konntest du einteilen. Ich wusste genau, wen ich wohin tun konnte und wohin nicht. Auf einmal waren die alle zu teuer, und dafür kamen Zeitarbeiter. Die kanntest du nicht. Die waren mal drei Wochen da, dann waren sie wieder verschwunden. Die Zeitfirma hat immer jemand anders geschickt, und ich hatte keine Verfügungsgewalt mehr. Da habe ich mir gesagt, nein, das muss ich mir nicht bis zu meinem Lebensende antun. Und es kam wieder der Gedanke, hier muss ich weg. Ich habe gemerkt, jetzt ist die Ära zu Ende, und jetzt muss ich raus hier.

Instinktiv spürt Achim, wenn eine Lebensphase für ihn zu Ende ist und eine Veränderung nötig erscheint. Er weiß, was er nicht will und was ihm wichtig ist. Viele versuchen, die Situation zu ändern, vielleicht sogar zu kämpfen, um die Verhältnisse in ihrem Sinn zu drehen. Viele halten den unangenehmen Alltag aus, oft indem sie innerlich abschalten. Achim will die Welt nicht verändern, nicht für sich und nicht für andere. Er will auch nicht innerlich weggehen von sich. Er sucht sich lieber eine neue Chance. Auch wenn er erst mal keine hat, so sieht er doch den Absprung als Chance. Der Ausstieg öffnet ihm neue Türen, um weiterzukommen. Das ist es, was ihn antreibt. Für ihn tut sich immer was auf. Wie beim Laufen kommt es auf den Moment des Fliegens an, wenn wir für einen kurzen Augenblick den sicheren Grund verlassen und die Schwerkraft überwinden müssen. Dazu braucht es Mut.

Ich wollte nicht so viel Ärger jeden Tag haben. Ich wollte gute Arbeit abliefern und dafür gutes Geld verdienen. Aber gutes Geld verdienen und immer nur Ärger dafür haben, das wollte ich nicht. Ich verdiene lieber etwas weniger und habe keinen Ärger. Nervlich und gesundheitlich hat man mehr davon. Für mich ist Geld nicht das Wichtigste. Ich kann auch mit wenig auskommen. Das können viele nicht, die müssen da und dort hin und dieses und jenes machen und lassen alles über sich ergehen, nur weil sie wissen, sie verdienen etwas mehr.

Ich bin wieder ausgestiegen, obwohl sie alle Angst hatten. Alle haben gesagt, mach das bloß nicht. Denk doch, was du hier verdienst. Ich bin zu meinem Chef gegangen und habe gesagt, Sie können sich schon mal mit dem Gedanken befassen, dass ich gehe, weil ich Profi werden will. Er hat erst gelacht und es für einen Scherz gehalten. So einen Job kriegen Sie nie mehr, hat er gesagt. Das war mir klar. Ich hatte Angebote von Firmen, die mich als Profi unterstützen wollten, aber jede Firma hatte gesagt, wir machen nur Einjahresverträge. In meinem Alter kriegst du keinen Vertrag mehr für drei Jahre oder länger. Die Sponsoren haben gesagt, wir machen was zusammen, wenn mir was Kreatives einfällt. An Kreativität hat es mir nie gefehlt. Wichtig ist, dass ich sie ausleben kann, nicht irgendwas tue, was mir vorgeschrieben wird. Wenn eine Firma gesagt hätte, du musst das und das machen, hätte mir das gar nicht gefallen, aber sie haben gesagt, machen Sie was Spektakuläres, das man den Medien anbieten kann. Das war genau das, was ich wollte. Ich konnte wieder selber entscheiden, was ich mache. Das ist das, was ich brauche. So kann ich mich entwickeln. Ich bin kein Typ, dem man alles vorlegt, dann fühle ich mich nicht gut. Dann kommen mir keine Ideen, und ich stumpfe ab und bringe auch keine Leistung.

Ausstieg und Neuorientierung ist meist mit Verzicht verbunden. Alte, gesicherte Strukturen werden aufgegeben, neue müssen erst erarbeitet werden. Um dieses Erarbeiten geht es Achim. Er möchte seine Strukturen möglichst selbst erfinden und gestalten. Den Freiraum dazu braucht er, den strebt er auch an. Dann kann sich in ihm etwas entwickeln, und er kann aus sich schöpfen. Seine Ressourcen fließen besser, wenn er sich selber Druck macht, nicht andere. Es könnte ein wenig Trotz sein, stecken gebliebene Energien also, es

könnte auch die lebenslange Gewöhnung oder die gute Erfahrung damit sein, die ihn auf die fast rigide Selbstbestimmung beharren lassen. Auf jeden Fall treibt sie ihn voran zu einem Ziel, das nun immer klarer wird. Er will sein Hobby zum Beruf machen und in seinem neuen Beruf einer der Besten der Welt werden und eine Weile bleiben.

Es gibt so Chancen im Leben, die kriegt man nur einmal. Es kann danebengehen, dann stehe ich auf der Straße und bin arbeitslos. Ich bin froh, dass ich nur für mich alleine entscheiden muss. Das ist ganz wichtig. So konnte ich aussteigen und den sicheren Arbeitsplatz hinter mir lassen. Das war mir meine Unabhängigkeit wert. Die Freiheit, das ist für mich das Beste, das es an diesem Profisein gibt. Den Tag so einteilen können, wie ich es für richtig halte. Ich kann bis 10.00 Uhr im Bett bleiben, was ich ja nicht mache. Aber ich könnte es. Keiner kann mir was sagen, und wenn ich meine Leistung bringe, würde auch keiner was dagegen haben. Ich kann einfach auf der Couch sitzen, ohne dass ich jemand fragen oder irgendeine Uhr stempeln muss. Das ist das Schöne. Wichtig ist, das darf man natürlich nicht vergessen, dass du deine Leistung bringst für dieses Vertrauen. Ich sehe allerdings auch, dass ich etwas unter Zugzwang stehe. Ich habe nicht viel Spielraum durch mein Alter. Wenn ich mal ein schlechtes Jahr habe, gönnen sie mir vielleicht noch eins, aber dann bin ich weg. Dann würden sie sagen, ich bin zu alt. Das käme automatisch. Deshalb muss ich jedes Jahr irgendwas leisten, um denen zu beweisen, dass man mit 50 eben nicht zu alt ist. Trotzdem bereue ich es nicht, dass ich mit 47 Jahren noch ausgestiegen bin. Ich würde es wieder so machen.

Der Professionelle – Pflicht und Neigung

Trotz aller Ungebundenheit und Freiheitsgelüste, trotz aller Aufbrüche und Ausstiege ist Achim Heukemes seinen inneren Normen und Werten stets treu geblieben. Ordnungsliebe, Zuverlässigkeit und Loyalität stehen im Vordergrund, ganz egal, mit welchen Mitteln er sich auf den Straßen und im Leben fortbewegt. «Ich war schon immer so, glaube ich.» Sie helfen ihm, den Kontakt zum Boden, zur Realität nicht zu verlieren. Sie erden seine Träume. «Meine Pflicht ist, wenn ich irgendwas verspreche, möchte ich das gerne einhalten. Das ist für mich so wie ein Gesetz.» Seine Tugenden sind der Kern seiner Professionalität. Sie lassen seine Neigungen auch zu Pflichten werden.
Unbedingt zu einer professionellen Einstellung gehört für den Berufsläufer Heukemes eine klare und kontinuierliche Vorstellung von dem, was er erreichen möchte. «Man sollte wissen, wo das Ziel ist, und gucken, dass man das Ziel immer im Auge hat.» Auch sich selbst gegenüber ist er pflichtbewusst und hat sich dadurch mentale Stärke erarbeitet. «Ich kann Sachen umsetzen, die andere nicht so umsetzen können, vom Kopf her.»

Ich baue mein Training professionell auf und überlasse nichts dem Zufall. Genau wie ich meine Events professionell durchziehe. Man muss den Tag durchdenken und sortieren. Nicht nur irgendwas machen. So was lernt man nicht von einem auf das andere Jahr, da muss man mehrere Jahre ein bisschen tüfteln. Man muss sich die Fehler merken und das Gute merken und das nachher kombinieren. So gehe ich auch an meine Events ran, die ich plane. Ich will natürlich, dass alles klappt, weil ich Verpflichtungen habe meinen Sponsoren gegenüber. Ich sage, ich laufe dieses und jenes, Weltrekord oder deutschen Rekord oder was auch immer. Dafür geben die Geld, und dann muss ich gucken, dass das Ergebnis nachher stimmt für das Geld. Ich muss das bestmögliche Ergebnis bringen, und es dürfen nicht viele Fehler passieren. Ich kann nicht blauäugig reingehen. Ich muss wissen, was ich mache, damit auch der Rahmen passt und mit den Kamerateams alles klappt. Es muss alles durchdacht werden, damit an diesem Tag oder an diesen Tagen, an denen das Rennen oder mein Weltrekord läuft, alles perfekt sitzt. Das braucht ein Breitensportler natürlich nicht. Der sagt, ich laufe meinen Marathon in Regensburg oder in Berlin oder vielleicht laufe ich gar nicht. Wenn ich sage, ich mache einen Event, so wie den 1000-Meilen-Lauf in Hamburg, dann muss das klappen. Man muss zu seinem Wort stehen und sich darum bemühen, dass das Ergebnis stimmt. Für die, die das Geld geben, ist das wichtig. Dass man hält, was man verspricht, das ist professionelle Einstellung. Wenn ich einen Weltrekord ankündige, ist es immer noch eine zweite Sache, ob ich den auch schaffe. Ich versuche es auf jeden Fall. Wenn man den Weltrekord knapp verpasst, ist das kein Problem. Wenn man weit davon weg ist, kann man das nur einmal machen. Es kann nicht immer klappen, aber wenn ich fünf Rennen mache, müssen drei mindestens so werden, wie ich es gesagt habe. Dann bin ich glaubwürdig. Man kann mal ein Rennen versauen, das ist normal, weil man nie planen kann, wie der Körper in zehn oder in zwanzig Tagen reagiert. Meine Rennen sind nicht so überschaubar wie ein Marathon. Der ist in 2 ½ Stunden zu Ende. Bei solchen langen Rennen weiß man nie, was passieren kann, weil der Weg unheimlich lang ist.

Zuverlässigkeit und Glaubwürdigkeit sind für Achim hohe Güter. Die hat er von der Pike an gelernt. Ein Mann, ein Wort, auch dieses Klischee passt zu ihm. Es ist eine Basis seines sozialen Handelns und seines Verständnisses von Professionalität. Professioneller Läufer zu sein in der Dimension und der Art, in der Achim es tut, bedeutet nicht nur Training und Wettkampf. Achim verkauft sein Laufen und damit mehr oder weniger sich als komplettes Ereignis. Das muss glaubwürdig angeboten und zuverlässig durchgeführt werden. Um seinen Organismus zuverlässig fit und leistungsbereit zu halten, sind zuverlässige Rhythmen nötig. Das bedeutet Regelmäßigkeit, also gemäßigtes und regelhaftes Tun im alltäglichen Leben, nicht notwendigerweise mit der Stechuhr, aber mit Gespür für sich selbst und seine körperlichen Abläufe.

Man muss auf Schlaf achten und auf die Ernährung. Man sollte nicht jedes Wochenende um die Häuser ziehen. Man muss nicht als Mönch leben. Man sollte sich auch mal gedanklich weg bewegen und an was anderes denken als das Laufziel, weil man sonst verkrampft. Aber man sollte wissen, wo das Ziel ist, und darauf achten, dass man das Ziel immer im Auge hat. Der Mineralhaushalt ist wichtig und muss Wochen vor einem Rennen schön aufgebaut werden. Vor allem sollte man mindestens acht Stunden schlafen. Wichtig ist der Schlaf vor 24.00 Uhr. Wenn man große Ziele hat, die dem Körper viel abverlangen, muss man im Alltag professionell leben und handeln. Rhythmen sind sehr wichtig. Mein Essensrhythmus ist so, dass ich morgens sehr viel Obst auf nüchternen Magen esse, weil dann der Körper alles am besten sortieren und weitergeben kann. Deswegen laufe ich auch die Einheiten bis zu etwa 22 km morgens immer nüchtern. Ich esse höchstens eine Banane und einen Apfel, also nur Obst, kein Brot oder Ähnliches. Ich fühle mich einfach wohler morgens, wenn ich nicht mit vollem Magen laufe. Wenn ich um 7.00 Uhr trainieren gehe und etwa 1 ½ Stunden laufe, komme ich locker ohne Essen hin. Wenn ich vormittags einen Marathon laufe, frühstücke ich erst. Dann sollte der Körper ein bisschen was zum Verbrennen haben, dann braucht er was. Wenn ich zweimal trainiere, versuche ich mittags eine Stunde zu schlafen oder zu ruhen. Auf jeden Fall sollte man ruhen, damit man den Puls wieder runterbringt, bevor man zum zweiten Training geht. Sich den Tag so einteilen kann man nur als Profi. Man sollte nie direkt trainieren gehen, wenn man aus der Arbeit kommt, sondern sich immer erst ein bisschen Ruhe gönnen und den Puls runterbringen. Dann ist man besser belastbar im Training, als wenn man aus der Hetze direkt laufen geht.

Der Profi kann sich seinen Tag einteilen und völlig dem Laufen unterordnen. Körper und Geist brauchen rhythmische Abläufe, um sich ganz auf die extremen Trainingsbelastungen einstellen zu können. Achim hat seine Rhythmen und Gewohnheiten gefunden und kann sich dem Laufen hingeben. Das ist ein weiterer Schritt, um in die äußersten Laufdimensionen vorzustoßen. Das Laufen neben dem Beruf hat sein Leistungsvermögen beeinträchtigt, da es ihn viel Energie kostete, überhaupt beides nebeneinander durchzuhalten. Die Zeit als Schichtführer und hobbymäßiger Weltklasseläufer war eine harte Schule für Achim. Vielleicht hat er in ihr seine Ausdauer und seine Willenskraft zur vollen Reife bringen müssen und können.

Ich war immer in Zeitdruck. Ich hatte Schichtarbeit, entweder Früh-, Spät- oder Nachtschicht, und musste mein Training entsprechend legen, also entweder vor der Arbeit, nach der Arbeit oder in den Mittag rein. Das ist schon ein ziemlicher Druck, das ist klar, den halten nicht viele durch. Ich habe das elf Jahre durchgehalten, mit diesem Pensum fertig zu werden, und war trotzdem ziemlich erfolgreich. Es war hart, und vor allen Dingen habe ich keinen Samstag oder Sonntag gehabt. Die Firma hat auch Samstag und Sonntag gearbeitet, und ich habe sonntags noch die hohen Einheiten trainiert. Ein richtiges Wochenende gab es fast nie, und wenn ich Urlaub hatte, habe ich die größeren Wettkämpfe und Reisen gemacht. Jetzt ist das ein ruhigeres Leben. Damals war ich nicht zu den Leistungen fähig, zu denen ich heute fähig bin. Diese Leistungen kann man nicht bringen, wenn man noch nebenbei arbeitet. Das ist einfach unmöglich, weil der Körper keine Zeit hat zu regenerieren. Wenn man ihn nur beansprucht, bricht er irgendwann zusammen. Ich wusste, ich kann hier und da mal Deutscher Meister oder Vizemeister werden, aber mehr ist nicht drin mit Arbeit. Man findet keine Ruhe mehr, vor allem keine innere. Man hetzt nur noch von einem Ding zum anderen und kann sich nicht mehr entspannen. Da wusste ich, das ist für mich das Limit, mehr schaffe ich nicht. Aber ich sollte und wollte noch was Größeres leisten. Dafür muss man noch härter trainieren und muss auch mehr Erholung haben, also sich mittags eine Stunde hinlegen können, wenn man vormittags drei Stunden gelaufen ist und nachmittags nochmal laufen will. Die Zeit damals war schon eine harte Nummer für mich: arbeiten, Haushalt, laufen. Das war dann so weit, dass man sich fragt, ist es das einem wert. Ich denke, das muss jeder für sich selber entscheiden, ob er den Aufwand will und keine Freizeit mehr hat. Doch es ist eine unheimliche Belastung. Da entscheidet sich viel im Kopf. Man kann schon einiges leisten, auch mit Beruf.

Die Belastung, unter der Achim in jener Zeit stand, können wir uns wahrscheinlich gar nicht richtig vorstellen. Natürlich half ihm und hilft ihm immer noch dabei, dass er auf niemand besonders Rücksicht nehmen muss und er sich stur seinen Tagesfahrplan basteln kann. Den durchzuhalten, vor allem das Gefühl, tagaus, tagein eingezwängt zu sein in unausweichliche Termine, verlangt ein besonderes Maß an Motivation und Disziplin. Nichts anderes als ein starker innerer Antrieb kann das vollbringen. Seine Träume werden ihn angetrieben haben und sein Drang, weiterzukommen und etwas Besonderes zu leisten. Natürlich auch sein Pflichtgefühl. Das hat ihn davor bewahrt, etwas nur halb oder nur so zu machen. Es hat ihn an seine Aufgaben und Vorhaben gebunden und dadurch Klarheit geschaffen und unnötige innere Diskussionen vermieden, die ihn abgelenkt hätten von seinen Zielen und seine Energien zerstreut hätten. Achim ist einer, der sich selbst in die Pflicht nehmen kann.

Wenn ich irgendwas verspreche, möchte ich das gerne einhalten. Das ist für mich wie ein Gesetz. Ich bräuchte auch keine Verträge zu machen. Wenn ich mein Wort gebe, ist das so und bleibt so. Ich bin pflichtbewusst, das liegt mir. So bin ich auch LKW gefahren. Wenn mein Chef sagte, Tag und Nacht, dann bin ich Tag und Nacht gefahren. Ich konnte das immer gut umsetzen. Schon damals habe ich gemerkt, ich kann Sachen umsetzen, die andere nicht so umsetzen können vom Kopf her. Wenn ich mein Wort gegeben habe, dass ich morgen früh um 6 Uhr in Berlin bin, dann bin ich um 6 Uhr in Berlin und brettere die ganze Nacht durch. Ich war darauf eingestellt, die Nacht durchzufahren, und konnte die Müdigkeit verdrängen. Ich habe keine Wachmacher genommen oder Ähnliches. Ich habe lieber mal meinen Kopf rausgehalten oder mir ins Gesicht geschlagen oder Musik laut gehört. Genommen habe ich nie irgendwas. Das habe ich nicht gebraucht, weil ich alles mental gemacht habe.

Schon damals habe ich mental unheimlich gut gearbeitet, mir ist das nur nicht aufgefallen. Ich habe schon immer umgesetzt, was ich mir vorgenommen hatte. Ich war einfach schon immer so, glaube ich. Wenn mir mein Chef was aufgetragen hatte, dann habe ich es als Pflicht empfunden, das auch so zu erfüllen. Mit den Sponsoren ist das jetzt genauso. Die geben mir Anfang des Jahres ihr Geld, und dann bin ich in der Pflicht, das einigermaßen in guter Leistung wieder zurückzuzahlen, indem ich oft im Fernsehen bin und oft in den Zeitungen. Da kommt man nur mit guten Leistungen hin. Das ist ein Geben und Nehmen, das finde ich gut.

Der Gladiator – Wetten, dass ...

Es geht zwar nicht mehr um Leben und Tod, aber der Sinn ist ähnlich. Aus den römischen Kampfspielen wurden moderne Sportshows zur Unterhaltung des Volkes. «Man ist dann wie so ein Ausstellungsstück, das da rumläuft.» Die Teilnehmer brauchen nicht mehr um ihr Überleben zu bangen, wohl aber um Preise und Prämien.
Einer der neuzeitlichen Sportkämpfer ist Achim Heukemes. Ein Gladiator der besonderen Art, der sich seine Spiele selbst erfindet. «... Ich hatte immer schon den Hang, irgendwie was anderes zu machen als das Normale.» Er läuft gegen andere und gegen sich selbst, überall auf der Welt und am liebsten auf Asphalt. Unmögliches möglich machen ist sein Ziel, Herausforderungen zu suchen und etwas zu schaffen, was noch nie jemand geschafft hat. Er will «mit den Füßen Geschichte schreiben» und lässt sich dafür bezahlen. Nicht mehr das Publikum hebt oder senkt den Daumen, sondern die Medien und Sponsoren. Wenn die Leistung stimmt, dann stimmt auch die Kasse. «Ich will was Sportliches erreichen, aber ich weiß auch, dass ich so eine Marionette bin von denen ...»

Ich suche mir Herausforderungen. Ich mache gerne das, was vor mir noch keiner gemacht hat. Das war schon als Sechsjähriger so, als ich durch den Rhein geschwommen bin, obwohl ich gar nicht schwimmen konnte. Mit den Schwimmflügeln ging es durch die Schiffe durch. Meine Eltern und ich haben immer samstags und sonntags am Rhein gecampt. Wir hatten ein Zelt, das hat den ganzen Sommer lang fest gestanden dort. Früher war der Rhein noch sauber, und du konntest in ihm schwimmen. Wir waren das ganze Wochenende draußen am Rhein. Um ihn zu durchschwimmen, ist man drei Kilometer hoch gegangen am Ufer und dann auf die andere Seite geschwommen. Durch die Strömung kam man die drei Kilometer wieder zurück. Von den anderen Kindern hat sich das keines getraut, aber ich bin immer mit. Mit der Strömung zwischen den Schiffen durch. Wenn ich nicht mehr konnte, habe ich mich an irgendeinem Rücken festgehalten. Ich hatte keine Angst, ich fand das einfach toll. Ich habe immer gerne gemacht, was nicht jeder kann. Wenn die anderen sich was nicht getraut haben, dann war das für mich die Herausforderung. Weil die sich nicht trauen, mache ich das. Das ist wie heute, wenn ich sage, ich laufe vom Nordkap nach Sizilien. Das traut sich keiner, das hat noch keiner gemacht. Ich mache es und bin dann der Erste. Wenn die anderen noch am Überlegen sind, dann entscheide ich mich von einer Sekunde auf die andere. Planungen kann man später noch machen, aber die Entscheidung musst du gleich fällen. Ich sage mir immer, wenn du jetzt die Entscheidung fällst, dann machst du es auch. Wenn du sie auf den anderen Tag verschiebst, wirst du es nicht mehr machen. Dann hast du tausend Gründe, um dich zu entschuldigen. Wenn ich sage, jetzt mache ich es, dann mache ich es auch, dann gibt es kein Entrinnen mehr.

Das kennen wir sicherlich alle, das lange Abwägen bei einer Entscheidung, zu deren Umsetzung wir uns nicht so recht trauen. Je länger wir denken und wälzen, je mehr Gegenargumente fallen uns ein. Die Begeisterung sinkt, und zum Schluss fehlt uns die nötige Energie, überhaupt den ersten Schritt machen zu können. Wir haben uns nicht dagegen entschieden, aber wir haben unserer Entschlossenheit die nötige Startkraft entzogen. Mut kommt für Achim eher aus dem Bauch. Dass er seine spontanen und mutigen Entscheidungen auch durchhält, dafür sorgt seine Disziplin sich selbst gegenüber. Natürlich trägt ihn auch der Gedanke und der Wunsch, besser zu sein als die anderen und vor allem der Erste zu sein, der etwas Bestimmtes macht. Er will sich herausheben aus der Masse und gesehen werden. Die Rolle eines modernen Gladiators kommt ihm gerade recht.

Nicht wie im römischen Reich, als sie um ihr Leben kämpfen mussten. Die Zeiten sind heute nicht mehr gegeben, aber die Verbindung zwischen Zuschauer und Athlet findet heutzutage in großen Sportarenen auch so statt. Da sind 40 000 Zuschauer da, und unten bewegen sich die Athleten, die was für die Zuschauer machen, weil die Eintrittsgeld bezahlt haben. Die Athleten sind so eine Art Kämpfer, die sich in ihrer Sportart messen. Aber sie sind auch Schaukämpfer, die sich zeigen. Heute senkt oder hebt man zwar nicht mehr den Daumen. Dafür klatscht man halt, und der Kämpfer kriegt viel Geld, wenn er alle bezwungen hat. Es ist ein Schaukampf für Leute, die sich dafür interessieren. Denen bietet man was. Sport ist auch Show. Es geht nicht nur um den reinen Wettkampf. Jeder stellt sich irgendwie dar. Der eine mit seinem Blick oder Linford Christie mit seinen Kontaktlinsen, die wie ein Puma aussahen. Wenn der so dagestanden ist und nur die Strecke fixiert hat, das hat gewirkt. Jeder hat so sein Gebaren. Ich stelle mich auch ein bisschen in Pose. Das ist ein Zeichen von innerlicher Stärke.

Man demonstriert, dass man unbesiegbar ist. Bei Maurice Green kann man das gut sehen, wie der sich aufbaut und vor den anderen hin und her läuft, 10 Meter rauf, 10 Meter runter. Ein unheimliches Spiel ist das. Manche haben dann echt ein Problem damit, wenn einer Stärke so demonstrieren kann. Man will die anderen mental angreifen und denen zeigen, ihr habt alle keine Chance gegen mich. Deswegen baut man sich auf. Ich glaube, das macht jeder. Jeder zeigt das irgendwie auf seine Art. Manche tippeln so rum und machen lockere Übungen. Sie zeigen sich ganz cool. Das gehört dazu: sich zu zeigen und zu sagen, ich gewinne das Ding heute. Ob das dann so passiert, ist eine zweite Sache. Diese Selbstdarstellungen gelten auch den Zuschauern, die an der Strecke stehen. Die sollen mich sehen. Der Blick soll auf mich fallen. Die sollen denken und sagen, der ist total cool und locker, der macht das gleich. Man will die Augenpaare auf sich gerichtet haben. Man ist halt wie so ein Gladiator in einer Arena. In Surgerès ist das auch so auf dieser 300-Meter-Bahn, wo ringsum die Zuschauer sind und die Sponsoren in ihren VIP-Logen, und unsereiner läuft dann 48 Stunden im Kreis. Die kommen abends raus und klatschen. Da fühle ich mich schon wie ein Gladiator.

Sich zu zeigen, sein Können und seinen Körper, das macht Achim nichts aus. Er genießt es eher und beherrscht auch das Spiel, den Gegner zu beeindrucken. Nicht nur vor dem Rennen, auch während eines Rennens versucht er, Stärke zu zeigen und die Möglichkeiten des taktischen Laufens zu nutzen. Der Kampf des Gladiators ist eine Schau für den Zuschauer, aber ebenso für den Gegner. Um beim extremen Laufen durchzuhalten oder gar zu siegen, braucht es aber mehr als eine professionelle Zirkusshow und psychologische Kriegsführung. Die Lust zu laufen und die vollständige Identifikation mit dem Laufen sind Voraussetzungen, die jeder mitbringen muss, der oft und mehr als Marathon laufen will. Achim läuft gerne,

im Training wie im Wettkampf. Er läuft hauptsächlich für sich. Laufen ist zurzeit sein Leben. Wenn ihm andere dabei zuschauen wollen, ist ihm das recht.

Ich will was leisten, wozu die nicht fähig sind, die in ihren Logen oder auf den Stühlen sitzen. Die haben nur das Geld und können sagen: Für das Geld lauft ihr jetzt. So ist das auch in Surgeres. Das ist die moderne Variante zu früher, zu Rom. Man lädt die Besten ein und lässt sie für Geld gegeneinander laufen. Natürlich will man was für das Geld sehen. Wir Läufer bekämpfen uns sportlich fair und zeigen ein gutes Rennen, in dem es auch ein bisschen spannend zugeht. Das wollen die einfach sehen. Die wollen uns auch leiden sehen, das ist klar. Die wollen nicht, dass einer nur lächelnd rumläuft. Dann würden sie denken, da stimmt was nicht. Die wollen sagen: «Oh Gott, ist der fertig, der kann nicht mehr.» Das ist so, das machen die Zuschauer halt gerne, weil sie selber ja nicht leiden müssen. Das ist das Spiel für die Zuschauer. Schafft er es nochmal? Kommt er nochmal wieder, oder ist er zerbrochen am Tempo der anderen? Das macht die Sache spannend, und das gehört dazu. Man ist ein Ausstellungsstück, das da rumläuft. In den 48 Stunden gehört man quasi den Sponsoren, die bezahlt haben, dass man da laufen kann. Ich sage mir natürlich auch, und so ist es auch, dass ich für mich selber laufe. Ich will was Sportliches erreichen, aber ich weiß auch, dass ich so eine Marionette bin von denen für diese 48 Stunden. Sonst könnte ich da nicht laufen, weil ich das Geld nicht habe, um die Weltbesten zusammenzuholen.

Das traditionelle Einladungsrennen von Surgerès in Frankreich findet auf einer 300-Meter-Bahn in einer Art Stadion statt. 48 Stunden lang laufen die Besten der Welt, immer 16 Männer und acht Frauen, im Kreis herum, und wer am Schluss die längste Strecke gelaufen ist, der hat gewonnen. Jeder kann sich das Rennen so eintei-

len, wie er will, und Pausen machen, wann immer und wie lange immer er will. Auch Gehen ist möglich und überraschende Temposteigerungen. Achim hat bei seinem Sieg 2001 377 km zurückgelegt. 48 Stunden im Kreis zu laufen, dafür braucht es ein besonderes Durchhaltevermögen, das bei Rennen dieser Art auch ein wenig vom Publikum und dem Kontakt mit ihm abhängt.

Manchmal nehme ich es nicht wahr, und manchmal kann ich es gut gebrauchen, zum Beispiel bei positiven Reaktionen wie «Mensch, super» oder «Du, der Erste sieht ziemlich fertig aus, den kriegst du noch». Das sind Signale, die man gerne auffängt. Wenn keiner da wäre, müsste man sich das selber sagen. Wenn man noch Zuspruch kriegt mit Gedanken, die man selber schon hatte, wie etwa «den schaffe ich noch, der sieht nicht gut aus», dann ist das sehr positiv, und man fühlt sich gestärkt. Das ist noch mal ein Schub, weil man sich in seiner Wahrnehmung bestätigt sieht. So viel Gekreische wie bei den 1000 Meilen von Hamburg ist aber auch lästig. Du kannst nicht mehr für dich sein. Ständig sind Leute um dich und reden auf dich ein. Das habe ich nicht gerne. Ich bin lieber ein bisschen abseits. Die grölenden Zuschauer müssen nicht unbedingt sein. Die sind mal ganz gut zur Motivation, aber ich muss sie nicht ständig haben. Manche brauchen das. Deswegen laufen sie Marathon nur in Berlin oder in Hamburg, wo viele Zuschauer sind. Die brauchen diese Begeisterung, um sich zu überwinden, weiterzulaufen. Die wissen genau, wenn ich angeschrieen werde, dann laufe ich weiter, statt zu gehen. Wenn sie alleine wären, würden sie nämlich gehen, weil sie keinen Zuspruch mehr haben. Ich brauche das nicht, nicht unbedingt. Man lernt mit dem Einfluss des Publikums umzugehen mit den Jahren. Bei meinem ersten Marathon war ich natürlich happy, an so vielen Zuschauern vorbeizulaufen, die geklatscht haben. Da freut man sich. Man steht etwas im Mittelpunkt, was ja sonst nicht der Fall ist, wenn man eine Zeit um die drei Stunden läuft. Nur die vorne sind für die Medien interessant. Unsereiner läuft an und für sich nur mit, als Begleitperson quasi hinterher. Aber die Zuschauer honorieren das und klatschen, und so hat man auch einen Anteil von dem, was die da vorne bekommen. Später, als ich besser wurde, habe ich oft gedacht, ich brauche das nicht mehr, dass mich jeder anschreit «nicht so langsam» oder Ähnliches. Leider gibt es auch andere Varianten wie «Du schlurfst» oder «Du siehst ziemlich schlecht aus». Das ist nicht das, was ich brauche.

Ausdauerndes, extremes Laufen ist im großen Maße eine Sache des Kopfes und hat viel mit Erfahrung zu tun. Auch darum sind Extremläufer immer etwas älter als normale Leistungssportler. Es geht darum, die Kraft aus sich schöpfen zu können und sich nicht abhängig zu machen von anderen, deren Ausstrahlung und der Umgebung überhaupt. Die intrinsische Motivation ist der Schlüssel zur Ausdauer. Für Achim ist es wichtig, sich ein Ziel, ein eigenes Ziel zu setzen, sei es im Training oder im Rennen. Trotz aller möglichen Publikumsbeschimpfungen braucht er Rennen wie das von Surgerès. Sie sind eines der großen Ziele für einen Extremläufer. Dort zu gewinnen ist wie ein Wimbledonsieg oder Schnellster auf der Streif zu sein. Paradox, aber wirkungsvoll: Im Alltag reicht für Achim «was Süßes» als Belohnung.

Für mich sind Wettkämpfe wie in Surgerès gut, wo man wie als Gladiator im alten Rom läuft. Man läuft im Kreis, andere gucken und zahlen. Ich finde das nicht schlimm. Ganz im Gegenteil, es ist toll, dass es Firmen gibt, die die Weltbesten gegeneinander antreten lassen. Dann kann man sehen, wer gehört überhaupt zu den Allerbesten? Wer ist der Beste dieses Jahr? Wer kann am besten umsetzen? Nächstes Jahr kann der schon wieder weiter hinten sein. Dieses Jahr war ich nur Neunter, voriges Jahr habe ich gewonnen. Wirklich in Bewegung halten mich aber nicht die

Gelder und auch nicht das Publikum, sondern meine Lust am Laufen, meine Lust, mich zu bewegen, und meine eigenen Ziele. Wenn ich morgens weglaufe, habe ich ein Ziel, das ich mir setze. Wenn es 20 km sind, dann will ich diese 20 km laufen. Wenn es 40 km sind, dann laufe ich diese 40 km. Dann brauche ich keine Zuschauer dafür. Ich weiß dann, dass ich diese 40 km laufe. Als Belohnung stelle ich mir auf dem Rückweg einen schönen Mineraldrink vor oder ein Stück Kuchen oder vielleicht auch ein Stück Schokolade. Ich belohne mich mit Süßigkeiten. Nach dem Training esse ich gerne was Süßes.

Der Künstler – Laufen im Zeitalter seiner medialen Reproduzierbarkeit

Wie selbstverständlich gehören für Achim Heukemes zu seiner Interpretation des Läuferberufes Kreativität und die Freiheit der Gestaltung. Es ist ihm zu wenig, nur Startgeld zu bezahlen und in Reih und Glied seine Runden zu drehen. Er sucht das «Unverhoffte» und möchte sich und das Publikum überraschen lassen. Dabei hat er sowohl den authentischen Lauf als auch seine mediale Reproduktion im Auge. Erst durch die mediale Verbreitung, im Vorfeld, live und danach, wird das Ausmaß an Öffentlichkeit hergestellt, das aus seinem Laufen einen Event macht, den die Geld gebenden Sponsoren erwarten. «Ich möchte auch nicht, dass das nur für mich interessant ist, sondern auch für die, die mitfahren oder die mich begleiten, und für die Leute, die das nachher im Fernsehen sehen.»
Das Hier und Jetzt seines Laufes, das einmalige Dasein an einem bestimmten Ort ist nur ein Teil seines Berufsfeldes und seiner Arbeit.
Möglichst viel von seinen Laufprojekten, von der Idee bis zur Vermarktung, plant und setzt Achim Heukemes selbst um. «Das macht mir Spaß, so was Künstlerisches zu schaffen, von dem ich weiß, das habe ich alleine gemacht.» Ein langer Lauf, mit Streckenführung, Öffentlichkeitsarbeit und was noch wichtig sein kann, ist für ihn ein Gesamtkunstwerk, das er

entwickelt, formt und zu einem Ganzen zusammensetzt. «So schmücke ich immer ein Ganzes, also mehrere Mosaike schmücke ich dann zu einem Gesamtwerk, tue das ein bisschen verfeinern, was drumrum, ein bisschen Sahnehäubchen drauf.»

Ich bin nicht gerne derjenige, der auf vorgestylte Wettkämpfe geht, wo alles organisiert ist. Das ist zwar für Meisterschaften wichtig, dass da Normen sind und jeder an der gleichen Linie steht, um den Besten herauszufinden. Das ist natürlich klar. Deshalb muss es auch so was geben. Aber es ist nicht mein Ding. Ich möchte was machen, bei dem nicht alles so durchgestylt ist, wo auch ein bisschen was Unverhofftes mich überraschen kann. Also suche ich mir was und mache mir Gedanken darüber. Zum Beispiel damals meine erste Italiendurchquerung. Wo durchquere ich Italien? Fange ich im Aostatal an, also auf der Schweizer Seite, oder fange ich am klassischen Brenner an? Ja, der Brenner, da weiß jeder, wo der ist. Das ist gut. Am Brenner, da fängt Italien an. Der ist für jeden LKW-Fahrer ein Begriff und für jeden normalen Touristen-Deutschen auch. Und wo ist der letzte Stein von Italien, oder wo ist überhaupt das Ende von Italien? Ich habe mich erst mal erkundigt und man hat mir gesagt, in Trapani, das ist auf Sizilien. In so einem riesigen Wasser, kurz bevor es ins Meer geht, liegt der letzte Stein von Italien. Das passt doch, habe ich mir gedacht. Ich laufe vom Brenner durch ganz Italien bis zum letzten Stein. Damit ist schon mal was geschaffen, unter dem man sich auch was vorstellen kann. Es formt sich schon was. Jetzt suche ich mir die Strecke genauer aus. Welche Route nehme ich? Natürlich erst mal durch die Trienter Berge hinten rüber zur Adria. Dort kommen die bekannten Orte Rimini und Riggione, die Badeorte, die auch jeder kennt. Dann läuft man runter, wo Italien quasi erst anfängt. Bei Ancona fängt Italien für mich erst an. Davor sind mir noch viel zu viel Deutsche. Nun muss ich entscheiden, ob ich durch die Abruzzen laufe oder durch den Apennin. Die Abruzzen sind bekannter, der Apennin ist ein bisschen schroffer und einsamer.

Ein Langstreckler lebt und läuft in der Einsamkeit. Die Einsamkeit eines Langstreckenläufers, das ist ein Begriff. Also nehme ich den Apennin. Da gibt es nur Bergdörfer wie Podenza oder Brienze. Genau durch die laufe ich durch und dann die kalabrische Küste runter. So forme ich das Ganze zu einem Gesamtbild. Ich lege mir das alles so zurecht und suche mir die Strecke aus. Jetzt habe ich was geschaffen, was für mich wie so eine Art Bild ist. Ich habe mehrere Mosaiksteine zusammengesetzt.

Laufen ist nicht gleich Laufen. Die Länderdurchquerungen, die Achim kreiert und ausführt, sind keine Wettkämpfe im Kreis und auch keine überschaubaren Städtemarathons. Sie sind dem ursprünglichen Zweck des Laufens viel näher, der darin bestand, aus eigener Kraft von Punkt A nach Punkt B zu gelangen. Je nach Notwendigkeit und Potenzial geschah dies bei unseren Urahnen schnell oder eher langsamer, aber jeder konnte es. Da diese Funktion nun Maschinen übernommen haben, ist das Laufen zu etwas «Künstlichem» geworden, obwohl unser Organismus darauf noch eingestellt ist. Achim hat solche reisenden Läufe oder laufenden Reisen wieder zum Leben erweckt und daraus etwas Sportliches und Künstlerisches gemacht. Seine Läufe sind keine Wettkämpfe, sondern Sololäufe. Er läuft nur gegen die Uhr, und er läuft nonstop, d. h., die Pausen werden zur Laufzeit dazugerechnet. Darin ist er nahezu unerreicht. Neben dem sportlichen Aspekt interessiert Achim die Inszenierung des Ganzen. Aus dem Künstlichen versucht er etwas Künstlerisches zu machen. Für ihn ist es eine innere Befriedigung, sich seine Läufe komplett selbst auszudenken und auszumalen. Schon die erste Idee ist Teil dieser Gestaltung, dazu die Planungen auf dem Papier, dann die praktische Umsetzung, und wenn man ihn ließe, würde er sicher auch die Positionen der Kameras festlegen wollen.

Ich entwerfe das Projekt weiter. Wie verkaufe ich das der Presse? Ich schmücke noch ein bisschen drumrum und betone manche Aspekte und Details, z. B. dass ich tatsächlich die kalabrische Küste rauf- und runterlaufe. Jeder weiß, dass das eine Steilküste ist, da geht es immer schön durch die Berge. Das ist gut für die Fotografen, da kann man gute Fotos machen. Später dann Sizilien. Sizilien ist auch allen bekannt, vor allem Palermo. Er läuft durch die Gebiete, wo die Mafia ist, wo an jedem Ausgang der Stadt einer mit Maschinengewehr steht. Das passt doch wunderbar in den gesamten Ablauf. Dann läuft er nach Trapani zum letzten Stein, an dem er anschlägt. Jetzt habe ich das Ding fertig geformt. Es ist ein Gesamtwerk, und das biete ich meinen Sponsoren so an. Ich muss denen ja irgendwas sagen. Ich kann nicht sagen, ich laufe durch Italien, fertig. Deswegen mache ich so ein Kunstwerk daraus. Ich forme das, schmücke das und mache es auch für die Medien geschmackvoll. Das macht mir Spaß, so was Künstlerisches zu schaffen, von dem ich weiß, das habe ich alleine gemacht, das hat keiner für mich produziert. Es gehören natürlich noch Leute dazu, die mir helfen und die mich begleiten, das ist klar. Aber das Werk entsteht durch meine Idee. Ich lege die Formen fest und sage, da laufen wir und das machen wir so. Dann vermittele ich es den anderen. Meistens gefällt es denen auch. Das finde ich das Schöne daran.

Immer wieder dringt Achims Bedürfnis durch, die Dinge alleine anzupacken und zu verwirklichen. Begrenzungen scheinen ihn zu hemmen und zu demotivieren. Die Freiheit der Gestaltung, auch wenn sie durch die Interessen der Sponsoren nicht grenzenlos ist, scheint ihm ein zusätzlicher Antrieb für seine Ausdauerleistung zu sein. «Alles aus einer Hand», nämlich aus seiner, das beflügelt ihn. Sein eigener Herr zu sein oder zumindest das Gefühl zu haben, dass es so sei, setzt zusätzliche Energien frei bei ihm.

Bei der Europatour lief es ähnlich mit meinen Planungen. Allerdings wollten die anderen, dass ich in Gibraltar unten das Ziel mache. Ich habe aber gedacht, durch Spanien laufen ist nicht so gut, da gefällt mir das Essen nicht so. Das ist für mich ein Punkt. Auch sonst passte es irgendwie nicht. Die Mentalität der Spanier spricht mich nicht so an. Warum soll ich wochenlang durch ein Land laufen, zu dem ich keinen Zugang habe? In Italien ist die Mentalität anders, und ich komme dort besser zurecht. Der Startpunkt war mir klar, am Nordkap sollte es losgehen, logisch, kurz vor dem Eismeer. Dann habe ich mir die Strecke weiter ausgemalt. Wenn ich den ganzen Norden durchhabe, also ganz Skandinavien, dann ist die erste große Stadt, die kommt, Hamburg. In Hamburg machen wir Medienempfang. Er kommt aus Skandinavien raus nach Hamburg rein und wird dort groß empfangen. Das war dann auch so. Wir haben einen richtigen Empfang gehabt mit Presse, Fernsehen und allem Drum und Dran. So schmücke ich das ganze Geschehen bis zum letzten Detail, bis wieder Trapani dran war, weil es nun mal der südlichste Zipfel ist, wenn ich durch Italien laufe. So haben wir das alles ausgetüftelt und uns dann noch gewisse Punkte vorgenommen und genauer geplant. Zum Beispiel Köln und das Rheinland, da wo ich her bin. Das war nach rund 3000 km etwa die Hälfte der Strecke. Den Rhein runterlaufen wollte ich auf jeden Fall. Man kann die Durchquerung ja machen, wie man sie will. Wenn ich schon durch ganz Europa laufe und durch Deutschland, dann gehört der Rhein dazu. Da hast du ein bisschen was für das Auge. Du läufst den ganzen Bogen, vorbei an den schönen Weintreppen, einfach so den Rhein runter bis nach Lörrach. Das ist was ganz Faszinierendes. Dann an der Badischen Weinstraße entlang, das ist auch eine klassische Route. So habe ich wieder versucht, ein Gesamtbild draus zu machen. Das passt für die Medien, das passt auch für den normalen Bürger, der das liest oder im Fernsehen sieht oder hört. Der kann sich unter allem was vorstellen, weil das klassische Punkte oder Strecken sind, an denen er auch schon mal war. Dann kommt die Alpenüberquerung. Ich möchte keine leichte Strecke, wie z. B. über den Brenner. 1600 Meter hoch ist an und für sich lächerlich. Nein, ich möchte eine Alpenüberquerung, von der man wirklich sagen kann: Hannibal ging über die Alpen. Also zwei klassische 2000er. Richtige Pässe wie der Grimsel-Pass mit fast 2200 Meter und der Simplon-Pass nach Italien, auch mit über 2000 Meter. So schmücke ich immer ein Ganzes, also mehrere Mosaike schmücke ich dann zu einem Gesamtwerk, tue das ein bisschen verfeinern, was drumrum, ein bisschen Sahnehäubchen drauf. Ich mache mir so meine Gedanken drüber. Ich finde, dann schaffe ich ein richtiges schönes künstlerisches Bild.

Laufen kann für Achim eine Art Gesamtkunstwerk sein, bei dem er die Fäden in der Hand hat. Er versucht, einen Event daraus zu machen, den er positionieren kann auf dem Markt des Sports und der Sensationen. Er muss sich was einfallen lassen, denn trotz seiner unglaublichen Leistungen, die denen der besten Tour-de-France-Fahrer in nichts nachstehen, sind die Interessen der Firmen und Medien und damit seine Verdienstmöglichkeiten eher gering. Die für ihn bittere Wahrheit scheint zu sein, dass sich seine Kunst des tagelangen oder wochenlangen Laufens schlecht vermarktet. Das liegt möglicherweise, neben anderem, wie etwa dem Fehlen eines klassischen Wettkampfes, auch daran, dass das Geschehen in zwei Teile zerfällt, einen authentischen und einen medialen. Der authentische Lauf ist fast nur etwas Privates für Achim und seine Begleiter. Zuschauer und Berichterstatter an der Strecke erleben nur Teile davon, und ihr Erlebnis ist ein anderes. Die lebendige, einmalige, unmittelbare Aura des Laufes ist nicht transportier- und vermittelbar. Das Bewegte und Bewegende eines Extremlaufes teilt sich nur dem mit, der dabei bleibt. Die mediale Spannung kann allenfalls eine dramaturgische sein, indem sie künstliche Span-

nungsbögen erzeugt durch Schnittfolgen und die Kontrastierung von Bildmaterial und Kommentar. Dennoch sind die Fernsehbilder natürlich die «größere Realität», bigger than life, und auch die Zeitungsberichte, weil sie überhaupt erst Öffentlichkeit herstellen und so den Lauf für andere und andere Zwecke verfügbar und konsumierbar machen.

Wenn ich das so stehen habe, dann gehe ich zu meinen Sponsoren oder den Firmen und biete denen das an. Die Frage ist, ob die was daraus machen und es vermarkten können. Natürlich brauche ich noch andere Leute dazu, die das mit gestalten und verfeinern, um es richtig rüberzubringen und auch den Medien anzubieten. Ich möchte auch nicht, dass das nur für mich interessant ist, sondern auch für die, die mitfahren oder mich begleiten, und vor allem für die Leute, die das nachher im Fernsehen anschauen. Die können dann sagen «ach guck mal, der ist durch Norwegen gerannt, da waren wir doch auch schon mal». Ich mache mir Gedanken auch darüber, was andere denken könnten. Das ist wichtig, wenn man so was schafft und gestaltet. Das brauche ich natürlich bei so einer normalen Veranstaltung nicht. Da brauche ich mir zu überhaupt nichts Gedanken zu machen. Da bezahle ich mein Startgeld, gehe hin, und alles spult irgendwie monoton ab. Selber kreativ darf ich da nicht sein. Das hat alles schon jemand gemacht.

Der Masochist – Den Schmerz als einen Freund ansehen

Natürlich gehört zum Extremläufer eine Eigenschaft, die bei vielen Freizeitläufern gering ausgeprägt ist: die Fähigkeit, mit seinen Schmerzen richtig umzugehen und Ungemach und quälende Empfindungen auszuhalten. Voraussetzung dafür ist, sich und seinen Körper zu kennen, das Schmerzsignal zu verstehen und einordnen zu können und dann, wenn es nötig ist, die geeigneten Maßnahmen zu ergreifen. Erfahrung ist dazu erforderlich und die Bereitschaft, immer in den Körper hineinzuspüren, unabhängig von Messgeräten aller Art. «... deswegen ist es ja auch so wichtig für den normalen Menschen, den Kontakt zum Körper zu halten, den man immer verliert, wenn man sich nur auf die Technik verlässt.»

Für Achim Heukemes ist der Schmerz ein Teil von ihm, den er akzeptiert, mit dem er sich anfreundet, durch den er durchgeht und für den er die Verantwortung übernimmt. «Und das ist es auch, was den Menschen ein bisschen verloren geht: die Selbstverantwortung. Die Verantwortung für sich selber und eben auch für die Schmerzen. Ich übernehme jetzt für diesen Schmerz die Verantwortung. Die schiebe ich nicht auf irgendjemand anders, sondern da bin ich zuständig. Mit diesem Schmerz muss ich umgehen. Und manchmal macht's sogar Spaß ...»

Ich kann mich gut quälen, ich kann meine Schmerzgrenze total verschieben. Ich kann auch ganz wegschalten in Situationen, von denen andere sagen, unter solchen Bedingungen könnten sie überhaupt nicht mehr laufen. Ich kann umgehen mit den Schmerzen. Das ist dieses Beil, wie man so sagt, das Selbstquälen, das gefällt mir. Mir gefällt es, den Schmerz zu besiegen, den Schmerz in Kauf zu nehmen und zu sagen, ich kann mit dem jetzt zehn Tage leben. Wir freunden uns einfach an. Wir sind die nächsten zehn Tage zusammen, du bist auf der einen Seite, ich auf der anderen. Wir verbinden uns irgendwie, um das hinzubekommen. Natürlich muss ich der Stärkere sein, der Schmerz darf nicht siegen. Der Lustgewinn für mich ist, dass ich stärker bin als der Schmerz, dass der Schmerz es nicht schafft, dass ich aufgebe. Ich muss stark sein und immer sagen, der Schmerz kriegt nicht die Oberhand. Sonst könnte er meinen Willen zerbrechen. Nachdenken darf man nicht über ihn. Wenn man eine Blase hat, sagt man, oh, ich habe eine Blase. Zwei Minuten später, oh, die tut aber weh. Und eine Minute später: oh, die tut mir so weh, ich kann kaum noch laufen. Irgendwann sagst du dann, nee, jetzt kann ich nicht mehr laufen. Wenn man sich das zehnmal hintereinander sagt, dann tut die Blase so weh, als wenn das ein offener Einschnitt wäre oder eine Zehe abfallen würde. So denken viele. Sicher tut es im Moment ein bisschen weh, aber wenn ich nicht daran denke, dann tut es nach fünf Minuten nicht mehr weh. Ich habe mir vorgestern beim Regenlauf mit einem neuen Schuh, der noch nicht in der Weichspülmaschine war, eine Wunde gelaufen. Das hat bald nach Beginn gebrannt, aber ich hatte noch 18 km vor mir und zurück zu einem Pflaster waren es 4 km. Da habe ich mir gesagt, du kannst jetzt nichts machen, der Schmerz ist da, und die wunde Stelle ist da. Ich habe beschlossen, dass der Schmerz mich überhaupt nicht interessiert und mir vollkommen egal ist und dass ich meine Strecke zu Ende laufe und zu Hause nachschaue, was los ist. Ich bin den Berg weiter hoch gelaufen, habe den Schmerz zwar weiter gespürt, mich aber nicht weiter für ihn interessiert. Ich habe nicht mehr an ihn gedacht und dann auch nichts mehr empfunden. Man spürt zwar was, aber man darf nicht darüber nachdenken und vor allen Dingen sich nicht sagen, das tut wirklich weh, sondern: Es tut nicht weh. Der Schmerz ist einfach nur da. Man darf keinen Dialog mit ihm führen. Wenn man das nicht macht, dann kann man etliche Schmerzen ertragen.

Eine grundlegende Weisheit hat sich Achim erarbeitet und erlaufen durch die Art, wie er mit Schmerzen umgeht. Er stellt sich nicht gegen seine Schmerzen, sondern er läuft mit ihnen. Aus Gegnern macht er Begleiter. Nicht durch das Bekämpfen der Schmerzen werden die Schmerzen ertragbar, sondern indem er sie akzeptiert. Die Schmerzen werden zugelassen, ohne sich ihnen zu unterwerfen und ohne ihnen eine Deutung oder Bedeutung zukommen zu lassen. Ein Versuch bei Zahnschmerzen etwa kann diese Erkenntnis zu einer persönlichen Erfahrung werden lassen. Natürlich nur nach vorheriger sachlicher Prüfung, was es mit den Schmerzen auf sich hat. Schmerzen haben fast immer Signalfunktion, es sei denn, sie haben sich verselbständigt oder unser Körper hat sie zu sehr gelernt. Doch auch dann haben wir eine Chance, ihnen den Schrecken zu nehmen, wenn wir nicht mit ihnen diskutieren und ihnen dadurch keine zusätzliche Energie geben.

Ich muss mir natürlich die Ursache des Schmerzes später angucken, aber erst mal akzeptiere ich ihn so, wie er ist. Wenn ich merke, dass es blutet oder dass es eine Blutblase ist, die aufplatzt, dann stoppe ich, steche sie auf und verbinde sie. Ich klebe sie ab, damit keine Infektion kommt. Dann laufe ich weiter, aber der Schmerz bleibt. Das ist das Problem. Ich sage mir dann, das ist kein Schmerz, der mir körperlich schadet. Ich werde keinen körperlichen Schaden erleiden, mit dem ich mein Leben lang zu tun haben werde. Man muss unterscheiden bei den Schmerzen, die man beim Laufen erleidet, sei es durch Überanstrengung, durch kaputte Füße oder durch schmerzende Gelenke. Das sind zwar Signale, aber die Signale muss ich im Moment ausschalten, weil ich noch nicht am Ziel bin. Ich habe zwar Probleme, und normalerweise sollte man damit nicht mehr laufen, aber man kann damit laufen. Ich bin in einer Rennphase und habe ein Ziel. Ich kann nicht sagen, ich mache zwei Tage Pause, um das abklingen zu lassen. Ich muss damit fertig werden. Ich freunde mich mit dem Schmerz für die Dauer des Laufes an, und wir führen das zusammen zu Ende. Danach kann ich sagen, oh ja, jetzt tut mir alles weh. Jetzt kann ich mich dem Schmerz hingeben.

Man darf nicht zu empfindlich sein. Man muss das auch als Lust empfinden und positiv sehen. Nicht immer negativ darüber denken, sondern ebenso sagen, das Quälen gehört dazu, und es macht mir auch Spaß. Dann kann ich überhaupt erst sehen, was man an Schmerzen alles aushalten kann. An manchen Tagen ist man schmerzunempfindlicher, an manchen Tagen empfindet man Schmerzen mehr. Wenn ich mich gut konzentrieren kann, kann ich den Schmerz besser bearbeiten. Es gibt aber auch Tage, da klappt es nicht so, da kommt mehr durch, und ich muss mehr kämpfen. Das kenne ich vom Zahnarzt, dann tut mir schon die Spritze weh. In Wettkämpfen ist das aber fast nie so. Da bin ich ziemlich schmerzunempfindlich. Ich kann den Schmerz unheimlich lange ertragen. Das ist wichtig, denn ich bin ja nicht nach drei Stunden fertig mit dem Laufen. Als ich durch Europa lief, hatte ich nach 19 Tagen kaputte Füße in Norwegen, musste aber noch 30 oder 40 Tage weiterlaufen.

Ich wusste, ich muss diesen Schmerz noch ertragen, bis ich am Ziel bin. Ich habe natürlich nachgeschaut und versucht, ihn so gering wie möglich zu halten, aber er war ein ständiger Begleiter. Einen Hochleistungssportler ohne Schmerzen gibt es nicht. Wenn man sich richtig trainiert, dann tut es hier und da weh. Man wird dadurch nicht geschädigt. Es tut halt weh, wenn ich mich richtig anstrenge, aber es ist nicht schlimm.

Das ist es, was viele vom regelmäßigen Laufen und manche vom Laufen an sich abhält: Schmerzen, und seien sie auch noch so gering, unbekannte Missempfindungen und das Spüren von Körperteilen überhaupt. Wenn wir laufen, dann spüren wir unsere Gelenke, unsere Füße, unsere Schultern, unseren Schweiß und vieles mehr von unserem Körper und seinen Abläufen, von denen wir sonst nicht so viel mitbekommen. Im unbewegten Leben gelingt es uns oft, unseren Körper auszublenden aus unserem Wahrnehmungsspektrum. Vielen ist die Empfindung ihres Körpers unangenehm, oder es irritiert sie und löst Verunsicherung aus. Viele laufen gerade deswegen, weil sie sich dann richtig spüren können. Genau das meint Achim, wenn er sagt, «es tut halt weh, wenn ich mich richtig anstrenge». Seine Anstrengungen, die nicht mit unseren zu vergleichen sind, tun ihm wirklich weh, und eines seiner Laufgeheimnisse ist es, dass er diese Schmerzen aushält, indem er sie einsieht.

Wenn ich Stiche spüre, wo der Blinddarm ist, dann kann ich natürlich nicht sagen, den Schmerz ertrage ich jetzt drei Jahre lang. Das geht nicht, das muss ich differenzieren. Deswegen sage ich auch, der Schmerz, den man bei langen Läufen so erleidet, das ist immer ein Schmerz, der nicht tödlich ist. Man läuft nicht in den Tod, wenn man diesen Schmerz verdrängt. Das gibt es nicht, glaube ich. Herzflimmern kann man kriegen, das merkt man aber. Das äußert sich nicht als Schmerz, das muss man schon vorher wissen. Herzflimmern oder Herzkranzgefäßverengung hat man nicht von heute auf morgen. Es gibt immer Warnsignale, die der Körper sendet, bevor man in den Bereich kommt, wo es gefährlich werden kann. Deswegen ist es ja so wichtig, auch für den normalen Menschen, den Kontakt zum Körper zu halten. Man verliert ihn, wenn man sich nur auf die Technik verlässt. Wenn man mit dem Pulsmessgerät oder Ähnlichem läuft, gibt man die Verantwortung ab und bildet sich ein, damit nichts mehr zu tun zu haben. Die Uhr ist schuld, wenn ich im roten Bereich war oder das eingestellte Programm. So sehen es viele. Die Selbstverantwortung ist es, die den Menschen ein bisschen verloren geht. Sie übernehmen nicht für sich selber und auch für ihre Schmerzen die Verantwortung. Das kann man nicht jemand anders zuschieben, sondern dafür bin ich selbst zuständig. Mit dem Schmerz muss ich umgehen. Manchmal macht es mir sogar Spaß, weil ich denke: nee, du kriegst mich nicht. Ich bleibe der Sieger. Das ist wie ein Spiel. Der Mensch sucht sich immer eine Entschuldigung. Wenn er was hat, kann er sich entschuldigen und sagen, dadurch habe ich die Leistung nicht geschafft. Ich hatte eine Blase, ich konnte nicht mehr laufen.

Konsequente Selbstverantwortung lässt sich durch Schmerzen lernen. Das ist eine Lehre, die Achim aus seinen entbehrungsreichen Läufen zieht. Dazu gehört ein guter Kontakt zum eigenen Körper, der uns die Sicherheit gewinnen lässt, zu entscheiden, ob ein Schmerz auf eine tatsächlich bedrohliche Veränderung hinweist oder «nur» die Folge einer vorübergehenden Überanstrengung oder Fehlhaltung ist, der wir entweder Rechnung tragen und etwas verändern oder die wir akzeptieren als natürliche Begleiterscheinung dessen, was wir gerade tun. Natürlich verlangt diese Entscheidungsfähigkeit einen klaren unverstellten Blick auf den gesamten Organismus, eine gesunde und bewusste Lebensführung und viel

Übung. Die hat Achim mit seinen fünf- bis achttausend Kilometern, die er pro Jahr läuft. Dazu kommt seine gewisse Lust, sich sehr viel abzuverlangen, auch wenn es wehtut.

Ich horche im ganz normalen Leben und auch im ganz normalen Training immer auf das, was der Körper mir signalisiert. Schon wenn ich morgens aufstehe und losgehe, signalisiert er mir: Heute bin ich nicht so o.k. Das merke ich am Laufschritt. Ich merke es einfach. Dann weiß ich, ich brauche heute nicht viel oder schnell zu laufen, weil der Körper keine Lust dazu hat. Signale, die von innen kommen, vom Körper, die sollte man nie missachten. Das rächt sich später. Wenn ich dann trotzdem auf Tempo gehe – willensmäßig würde ich das ja schaffen – und dem Körper trotze, kommt ein paar Tage später die Quittung. Dann geht es mit Verletzungen los. Erst zwickt es, dann tut es ein bisschen weh, und wenn man das nicht beachtet, dann wird es nachher was Größeres. Meistens sind es die Sehnen oder die Gelenke, also vor allen Dingen die beanspruchten Teile. Wenn ich merke, dass ich müde Beine habe, dann habe ich eben an dem Tag müde Beine und laufe nur so, wie ich kann. Dass ich laufen kann, weiß ich ja, nur heute geht es eben nicht so schnell. Kann auch sein, dass der Körper zwei Tage müde ist, manchmal sind es auch drei Tage. Am vierten Tag spätestens ist er wieder fit. Dann gebe ich ein bisschen Gas. Der Körper signalisiert mir: Ich bin frisch, du kannst mich beanspruchen. Jetzt kann ich ruhig 30 Kilometer ziemlich schnell laufen, ohne dass ich nachher kaputt bin oder dass der Körper sagt: Das war zu viel.

Eins greift bei Achim ins andere. Die Kunst, den Signalen des Körpers und auch des Geistes zu entsprechen, setzt die Freiheit der Zeiteinteilung voraus, genauso wie Verlässlichkeit und die Disziplin, große Anstrengungen auf sich zu nehmen und nicht jedem Ruheim-

puls nachzugeben. Achim verwirklicht die Einstellung, die Dinge geschehen zu lassen und ihnen freien Raum zu geben, im Vertrauen darauf, dass sein Körper den richtigen Rhythmus selbst findet und sein Wille stark genug ist, sich zu einem beliebigen Zeitpunkt wieder oder beschleunigt in Bewegung zu setzen.

Das kann man natürlich nur, wenn man so lebt wie ich. Wenn du in der Arbeit eingebunden bist, dann kannst du dich nicht mittags mal eben zum Schlafen in die Ecke legen. Wenn mir mittags die Augen zufallen, dann lege ich mich einfach ein halbe Stunde hin. Ich gebe diesem Gefühl nach. Es ist ein Signal des Körpers, der in diesem Moment einfach Erholung braucht, weil er schon zehn Stunden was geleistet hat und im Moment nicht fähig ist, noch größere Leistungen zu bringen. Diesen Kontakt zu sich sollte man auch im Alltag haben. Die meisten Menschen achten da nicht drauf. Wenn sie müde werden, trinken sie Kaffee, um künstlich wach zu bleiben. Sie missachten das Signal des Körpers. Dann sind sie zwar wieder munter, aber der Körper rächt sich irgendwann. Der holt sich seinen Teil. Wenn der Kaffee nachlässt, werden sie noch müder und brauchen immer größere Konzentration, um was zu leisten. Der Körper braucht Erholung. Einen Tag kann man sich anstrengen, einen Tag sollte man sich dann wieder erholen. Wenn es zwei Tage Erholung sind, dann sind es eben zwei Tage Erholung. Dann kann ich mich wieder zwei Tage anstrengen. Das ist auch eine Gefühlssache. Deswegen bin ich auch nicht für Pulsmesser oder Uhren und auch nicht für Computerauswertungen. Man verliert den Kontakt zu sich. Man guckt auf die Uhr oder die Zahlen und ist abgelenkt von sich und dem, was in einem vor sich geht. Das ist der Grund, warum die Kenianer uns im Laufen bis zum Marathon fast haushoch überlegen sind. Die laufen rein nach Gefühl. Die wachsen nicht mit dem Pulsmesser auf. Die laufen in die Arbeit. Denen ist es egal, ob ihr Puls dabei 160 ist oder anders. Wenn sie sich gut fühlen, laufen sie schnell, und wenn nicht, dann kommen sie eben später. Aber die laufen und sind immer in Kontakt mit ihrem Körper. Das ist das Wichtigste.

Der Grenzgänger – Von einem, der auszog, das Fürchten zu lernen

Die eigene Grenze zu finden, das ist es, was Achim Heukemes fasziniert, reizt und vorantreibt. Die eigene Grenze zu entdecken ist immer auch ein Stück Selbstfindung und Selbstverwirklichung, die uns mit uns selbst in Berührung bringt. Die Schutzzone des Sicheren und Gewohnten zu verlassen und dennoch geborgen zu sein. Das Sein als existenzielle Frage zu erfahren, die Schritt für Schritt gestellt werden muss. Das alles bedeutet extremes Laufen für Achim Heukemes. «Über den Tellerrand gehen und schauen, was ist dahinter. Und nicht sagen, hier ist jetzt Schluss, da bin ich abgesichert.»

Die eigene Grenze ist für ihn verschiebbar. Man muss «bereit sein dazu», «das ausprobieren» und einen «absoluten Willen» haben. «Wenn ich in den Grenzbereich gehe, verlasse ich die Zone der Wohlbefindlichkeit und der Behütung und bin dann wirklich auf mich alleine gestellt. Ich, mein Wille und mein Körper müssen jetzt dafür sorgen, dass ich das noch durchstehe und dahin komme, wo ich hin will.» Trotz aller persönlichen Willenskraft und Selbstverantwortung fühlt sich Achim Heukemes geborgen und in Kontakt mit Gott. Das gibt ihm Kraft und Selbstbewusstsein, auch für Niederlagen und Rückschläge.

Wie an einer Landesgrenze, so bewege ich mich an der Grenze der Normalität in Bereichen, in die man normalerweise nicht hineinkommt. Wenn du normal arbeiten gehst, einen normalen Rhythmus hast und ein bisschen Sport machst, kommst du nie in den Bereich, in dem du dich total verausgaben musst. Es gibt nichts, was du schaffen müsstest, um überhaupt einmal an so einen Grenzbereich heranzukommen. Grenzbereich heißt, Körpersituationen zu erleben, in denen der Körper sonst nie drin ist, die auf einmal da sind und die Angst und Panik auslösen können, mit denen man aber umgehen kann. Viele, die sich in solchen Bereichen nie bewegen und dann plötzlich in so eine Situation kommen, durch einen Unfall oder Ähnliches, geraten schnell in Panik. Sie haben Grenzbereiche nie erlebt und wissen nicht, wie sie damit umgehen müssen. So ist das auch beim Sport. Wenn man Marathon läuft, erlebt man ein bisschen Erschöpfung. Viele denken, das wäre für sie der Grenzbereich, aber das ist er nicht. Es ist nicht so, dass ich da schon um mein Leben kämpfen muss. Es ist nur eine normale Erschöpfung, und wenn ich im Ziel bin, lasse ich mich auf eine Pritsche fallen, lasse mich massieren, und dann geht es mir wieder gut. Ich kann zwar nicht so gut gehen ein paar Tage, aber körperlich geht es mir wieder einigermaßen gut. Ich kann danach wieder essen, wieder trinken und normal nach Hause fahren. Das ist natürlich bei längeren Läufen anders, wenn man den Körper mehr fordert, mehr rauszieht und an die Grenzen geht.

In der Tat sind uns körperliche oder auch geistige Grenzerfahrungen im Normalfall fremd. Wir leben nicht in diesem Bereich, und wir meiden ihn gerne. Andererseits wissen wir schon, welche Kicks wir erfahren können, wenn wir unsere selbst gezogenen Grenzen

überschreiten, sei es indem wir eine alltägliche Angstsituation endlich einmal überwinden, sei es indem wir uns spielerisch einer extremen Situation aussetzen. Die Grenzen der eigenen Leistungsfähigkeit zu erkunden ist ein Vorgang und ein Vorhaben, das einerseits sehr behutsam, andererseits sehr entschlossen angegangen werden muss. Ausdauerndes Laufen ist dafür bestens geeignet, weil uns dazu im Grunde alle Voraussetzungen gegeben sind. Es geht darum, die Grenze wahrzunehmen, sie zu spüren und bewusst entscheiden zu können, ob wir sie so akzeptieren oder ob wir versuchen wollen, sie ein wenig zu verschieben. Viele kommen an ihre Grenzen im ganz normalen Alltag durch eine Vielzahl von Aufgaben und Belastungen, die ihnen zugemutet werden oder von denen sie meinen, dass sie sie sich zumuten müssen. Sie stolpern eher ungestüm und oft unbemerkt über ihre Grenzen und wundern sich, wenn sie sich eine blutige Nase oder Schlimmeres holen. Achim geht es darum, seinen Grenzbereich durch das Laufen zu erforschen und damit näher zu sich selbst vorzudringen. Dazu ist eiserner Wille nötig, aber genauso eine innere Einheit und Kontrolle, die diese Forschungsarbeit kalkulierbar macht. Achim macht immer wieder die für ihn erstaunliche Erfahrung, dass seine Grenzen etwas Fließendes sind, die sich mal eher und mal später bemerkbar machen. Erreicht hat er sie noch nicht.

Was der Körper leisten kann, weiß man vorher nie genau. Der eine ist vielleicht schon beim Marathon am Ende, für den anderen sind es die 100-km-Läufe oder die, die mehrere Tage dauern. Mehr können die vom Kopf her nicht umsetzen. Die sind nicht dafür geschaffen, oder sie können sich halt nicht so quälen. Die haben eine Schmerzgrenze, und wenn die erreicht ist, dann werden sie an den Schmerzen quasi zerbrechen, dann geht nichts mehr. Man muss immer differenzieren zwischen erschöpft und wirklich kaputt, wenn man weiß, der Körper kann nichts mehr. Aber so weit ist es meist noch lange nicht. Ich glaube, jeder Mensch kann, wenn er will, mehr als drei Stunden laufen. Wenn man bedenkt: Die im Krieg aus dem Gefangenenlager geflohen sind, die haben auch kein Lauftraining gehabt und sind dann von Russland aus mit wenig Ernährung tausende Kilometer gelaufen. Die haben das auch geschafft, obwohl sie bestimmt nicht gewusst haben, dass sie überhaupt so lange laufen können. Wenn so eine Situation kommt, dann sieht man erst, was ein Mensch leisten kann, wenn er muss oder wenn er will. Das ist eben der Unterschied. Wenn ich um mein Leben laufe, dann kann ich auf einmal unendlich lange laufen, obwohl ich vorher nicht einmal zehn Kilometer laufen konnte. Man kann das dann ganz anders umsetzen. Dann ist auf einmal der Wille da. Ich will hier überleben, ich laufe um mein Leben. Dann laufe ich und laufe und laufe und laufe. Ich merke nicht, dass ich Schmerzen oder Ähnliches habe.

Solch ein archaisches Denken ist sicherlich nicht jedermanns Sache und klingt für manche befremdlich. Enthalten darin ist jedoch ein wichtiger Grundgedanke. Wir Menschen sind von Natur aus Laufwesen, und in der Tat könnten wir, bei langsamem Tempo, sehr lange laufen, wenn wir es wollten, auch ohne Gefahr im Nacken. Die Voraussetzungen sind uns gegeben. Wir sind nur etwas eingerostet und steif und reden uns ein, dass wir nicht lange laufen können. Viele verwechseln auch einfaches rhythmisches Laufen mit sportlichem Rennen und Messen. Achim beherzigt beides: das Wissen, dass er als Laufwesen hervorragende Voraussetzungen zum ausdauernden Laufen hat und dass er diese Grundfähigkeit durch seinen Willen zu unvorstellbaren sportlichen Leistungen steigern kann.

Wenn ich Wettkämpfe mache, kann ich die Schmerzgrenze verschieben. Das kann man natürlich nicht von heute auf morgen, das ist klar. Ich bin auch nicht plötzlich von 42 km auf sechs Tage gesprungen, sondern ich bin erst 100 km, dann 24 Stunden, dann 48 Stunden gelaufen. Ich habe von jedem Lauf immer was mitgenommen. Nach dem 24-Stundenlauf habe ich gedacht: Mensch, das hast du gut überstanden. Wie ist es jetzt, wenn ich noch eine Nacht laufen muss, also zwei Tage hintereinander. Man muss das ausprobieren. So verschiebt man seine eigenen Grenzen. Man versucht zwei Tage zu laufen, dann drei Tage. Kann man drei Tage und drei Nächte ohne Schlaf durchhalten? Wenn einer nach 48 Stunden sagt, das mache ich nie mehr in meinem Leben, das war ein Horror für mich, und bekommt Angstzustände, dann sollte er es sein lassen. Für den sind 48 Stunden das Limit. Mehr will er nicht, und zu mehr hat er keine Lust sich zu quälen. In diesen Dimensionen muss ich wissen, dass der Schmerz immer bei mir ist und dass ich mich quälen muss von Minute zu Minute. Man läuft nicht mehr locker, und es nicht so, das es einem besonders gut geht. Ich muss wissen, ob ich bereit bin, das zu machen. Dann kann ich meine Grenzen verschieben von 48 auf 72 Stunden, auf sechs Tage, auf zehn Tage und immer weiter. Bei den 1000 Meilen von Hamburg habe ich gedacht, ich bin an meiner Grenze, aber ich konnte sie verschieben. Am 8. Tag war ich völlig kaputt, aber ich bin trotzdem noch drei Tage gelaufen und habe die zweitbeste Zeit der Welt erreicht. Durch meinen absoluten Willen, das Ding zu Ende zu bringen, habe ich meine Schmerzgrenze und meine Erschöpfung und alles, was damit zusammenhängt, weiter verschoben und nach oben katapultiert. Beim Lauf durch Deutschland bin ich voriges Jahr sechs Tage mit wenig Schlaf ausgekommen, und diesmal bin ich zehn Tage mit jeweils nur 2 ½ Stunden Schlaf ausgekommen. Ich war kaputt, besonders meine Füße, und habe sehr viel Gewicht verloren, aber ich war nicht tot. Das ist für mich das Schöne, wenn ich im Grenzbereich noch ein Stück draufsetzen kann. Manchmal sind es nur ein paar Meter. Das ist das Gefühl, was mich so reizt. Über diesen Tellerrand gehen und schauen, was ist dahinter. Und nicht sagen, hier ist jetzt Schluss, weil ich abgesichert und geschützt bleiben möchte. Wenn ich in den Grenzbereich gehe, verlasse ich die Zone der Wohlbefindlichkeit und der Behütung und bin dann wirklich auf mich alleine gestellt. Ich, mein Wille und mein Körper müssen jetzt dafür sorgen, dass ich das noch durchstehe und dahin komme, wo ich hin will. Wichtig ist, dass man sich sagt, ich *will* das schaffen, nicht: ich möchte. Da lasse ich es mir immer ein bisschen offen. Wenn ich sage: Ich will dieses Ziel unbedingt erreichen, dann ist schon mal ein Teil im Kopf drin. Das musst du dann noch verankern. Nur so kann ich die Grenze später auch verschieben. Irgendwann wird auch meine Grenze kommen, wie für jeden Menschen. Ich bin ja kein Übermensch.

Innerhalb unserer Grenzen sind wir geborgen und fühlen uns wohl. Dort halten sich die Anforderungen, die das Leben an uns stellt, in Grenzen, und normalerweise werden wir nicht aus diesen herausgefordert. Bei Achim ist das anders. Er braucht Herausforderungen, und er sucht sie gezielt. Er fordert sich aus dem gewohnten Leben heraus. Er ist darauf eingestellt, in völlig neues, unbekanntes Land zu stoßen und weltliche Geborgenheit zumindest vorübergehend dafür aufzugeben. Er läuft frei und willig mit aller Kraft und Konzentration zu seinen Grenzen. Er läuft am Limit und ist bereit, dafür die Tür zu öffnen, durch die es kein Zurück mehr gibt. Er will nicht hindurchlaufen, aber er will hindurchschauen.

In den normalen Lebensbereichen finde ich keine Herausforderungen. Ich war immer zufrieden mit dem, was ich hatte. Ich wollte einen Posten haben, der mich befriedigt und der mich ausfüllt. Es konnte auch ein kleinerer Posten sein. Wichtig ist für mich, gute und ehrliche Arbeit abzuliefern. Dafür will ich mein Geld haben. Ich bin pünktlich und war nur einmal krank geschrieben in meinem Leben, wegen einer Lungenentzündung mit 23 Jahren, sonst habe ich noch nie einen Krankenschein gesehen. Das ist die Eigenverantwortung, von der ich rede. Man ist für seinen Körper immer selber verantwortlich. Man kann das nicht auf andere schieben. Wenn ich rauche, kann ich nicht sagen, der hat mich dazu verführt. Ich bin selber schuld, wenn ich rauche oder Alkohol trinke oder was weiß ich tue. Ich bin der Mensch, der über mich entscheidet, kein anderer. Das ist auch und besonders im Extremsport so. Es ist ganz wichtig, dass man die Entscheidungen selber trifft. Man muss selber wissen, ob man die Grenze noch angeht oder es sein lässt.

Das Thema Selbstverantwortung zieht sich durch Achims ganzes Leben, und es ist eine tragende Säule seiner Lebenskonstruktion. Die Fähigkeit und der Wille, die volle Verantwortung für sich selber zu übernehmen, gibt ihm den Freiraum und die Sicherheit für Grenzerfahrungen. Nicht im Widerstreit dazu steht sein fester und gefestigter Gottesglaube, zu dem er Zuflucht nimmt und der ihm die Grenzen des Menschseins in einer anderen Dimension verdeutlicht. Vielleicht gerade weil Achim seine irdischen Grenzen zu verschieben versucht, ist ihm die spirituelle Geborgenheit in einem Dialog mit seinem Gott wichtig.

Ich glaube an Gott, das ist für mich keine Frage. Der ist aber weder evangelisch noch katholisch, sondern für mich gibt es nur einen Gott. Und der hat mir die Gabe gegeben und die Kraft, solche Sachen durchzustehen. Mit dem stehe ich in Verbindung. Ich bete jeden Abend im Bett und auch bei Läufen, wenn ich schlechte Phasen habe. Es ist nicht so, dass ich glaube, ich kann das alles alleine schaffen. Es gibt mir einfach Selbstbewusstsein, dass ich mit Gott Kontakt habe. Ich weiß nicht, ob er mich hört, aber für mich ist es eine Befriedigung, zu ihm zu sprechen, und danach fühle ich mich wohler. Vielleicht geht es mir auch schlechter danach, aber innerlich fühle ich mich wohler. Das passiert oft in Läufen und auch nach Tagesgebeten. Ich bin nicht der große Kirchgänger, mein innerer Kontakt zu Gott ist mir wichtiger. Das gibt mir Kraft, muss ich ehrlich sagen. Ich kann natürlich nicht immer nur zu ihm beten, wenn ich Hilfe brauche. Ich bete auch mal so, um Dankbarkeit oder etwas anderes auszusprechen. Manchmal ärgere ich mich, wenn er mich schlecht laufen lässt. So wie in Surgerès. Da habe ich das nicht verstanden, warum ich so schlecht gelaufen bin. Vielleicht muss das so sein. Vielleicht wollte er mir auch ein Signal setzen und sagen, dein Körper ist keine Maschine. Siehst du, es geht nicht immer nach deinem Willen. Du musst lernen, eine große Niederlage einzustecken. Das gibt wieder Kraft für neue Ziele. Niederlagen sind ein Ansporn, um sich neue Ziele zu setzen und es das nächste Mal besser zu machen. Deswegen braucht man auch Niederlagen, sonst kann man keine Erfahrung sammeln. Wenn man alles richtig und gut macht, kann man nichts mehr dazulernen. Dann wäre man der perfekte Mensch, und den gibt es nicht. Man lernt immer wieder neu dazu.

Der Weise – Körper, Geist und Wille vereinen

Einer, der bewusst und achtsam handelt und lebt, der Herausforderungen sucht und sein Inneres auslotet, wird Erfahrungen machen und Einsichten gewinnen, die ihn auf seinem Weg weit voranbringen. Achim Heukemes hat sich Wissen und Weisheit, das sind Fragen und Antworten, erarbeitet und vor allem erlaufen. «Das lernt man dadurch, dass man viel Erfahrung hat. Ich weiß, dass, wenn ich nicht mehr kann, es trotzdem auf der anderen Straßenseite weitergeht. Ich muss da nur hinkommen. Dann weiß ich, da läuft es wieder.»
Laufen und wachsen, durchhalten und reifen standen und stehen in steter Wechselwirkung. Achim Heukemes ist dazu bereit und gewillt zu lernen. «Ich meine, man soll Fehler machen, aber man soll sie nicht ständig wiederholen.» Extremes Laufen ist nicht nur sein Hobby und sein Beruf, sondern auch sein ganz persönliches Wachstumshormon und seine Form der inneren Einkehr. Die innere Ganzheit, die daraus erwachsen kann, «die Weisheit, die man hat, wenn man schon so vieles durchgemacht hat», die strebt er an. Mit der Situation gehen, nicht gegen sie, Körper und Geist vereinen.

Durch die Erfahrungen, die ich in meinen Laufjahren gemacht habe, durch die vielen Wettkämpfe, da formt sich natürlich was, das ist klar. Das nimmt man mit ins Privatleben. Im Sport müssen Körper, Geist und Wille vereint werden zu einer Einheit. Die kann man dann auf der Straße umsetzen, entweder in Geschwindigkeit oder in Siegeswillen. Man muss diese drei Elemente vereinen. Das ist etwas, das lernt man mit den Jahren. Dann kann man von Weisheit reden. Ich versuche, diese Einheit herzustellen, auch im Privatleben. Natürlich wird man auch weiser, wenn man älter wird, weil man einfach viel erlebt hat. Alles, was ich falsch gemacht habe, versuche ich nicht nochmal falsch zu machen. Ich meine, man soll Fehler machen, aber man soll sie nicht ständig wiederholen. Man muss aus Fehlern lernen und das dann mitnehmen. Mit meinen 50 Jahren habe ich schon einiges mehr erlebt als ein Dreißigjähriger. Das sieht man vor allen Dingen bei den Ultraläufen. Die Jüngeren können die ganz langen Läufe, bei denen man im Kopf arbeiten muss, noch nicht umsetzen. Das kann man nicht trainieren. Die denken, wenn sie gut trainieren, können sie auch lange laufen. Es gibt viele, die 200 oder 300 km in der Woche trainieren, die aber trotzdem nach zwei Tagen auseinander fallen. Das, was ich trainiert habe, muss ich im Kopf umsetzen in Leistung oder in Wille. Das einfach positiv umsetzen, wenn es scheinbar nicht mehr geht, das ist der springende Punkt dabei. Dazu gehört Willensstärke. Es gibt Phasen im Rennen, wo nichts mehr geht, wo man aber trotzdem weitermacht. Das ist der Punkt. Man muss einfach weitermachen. Das lernt man durch viel Erfahrung. Ich weiß, wenn ich nicht mehr kann, geht es auf der anderen Straßenseite trotzdem weiter. Ich muss da nur hinkommen. Es gibt ein Stück Weg, auf dem geht es mir ganz schlecht, aber wenn ich durch bin, dann weiß ich, es läuft wieder. Das ist einfach die Erfahrung, die Weisheit, die man hat, wenn man schon so vieles durchgemacht hat. Ein Dreißigjähriger hat das noch nicht drin. Er hat es noch nicht erlebt. Er muss erst noch ein bisschen leben, Erfahrungen sammeln, sportlich wie auch menschlich. Es gehören auch Tiefschläge dazu, die zu verarbeiten und zu verkraften sind. Zum Beispiel, wenn man lange krank ist wie Lance Armstrong. Der ist mental so stark, weil er auch im Privatleben was durchlebt hat, was nicht jeder Sportler durchlebt. Er hat mit dem Tod gerungen. Als junger Mensch hat er gesagt gekriegt, du hast Hodenkrebs, und du hast nicht mehr lange zu leben. Er musste was draus machen, und er hat sich entwickelt. Er hat einfach gesagt, hier ist mein Leben noch nicht zu Ende, und dafür kämpfe ich. Damit hat er schon mal einen Entschluss gefasst. Aber so funktioniert das noch nicht. Ich muss was dafür tun. Lance Armstrong hat was getan. Er hat sich willensmäßig immer dagegen aufgebäumt. Er hat aus diesen Jahren unheimlich viel gelernt für sich und vor allem, mit seinem Körper umzugehen. Und er hat gelernt, wie man mit so einer Krankheit fertig wird und wie man positiv solche Tiefschläge überlebt. Dadurch ist er weise geworden.

Weisheit ist auch eine Frage des Alters, und Alter bedeutet viel Raum, um Erfahrungen machen zu können. Um zu lernen und weiser zu werden, kann nichts gelebte Erfahrungen ersetzen. Gedanken und Konstrukte bleiben im Wesentlichen auf das Organ Gehirn beschränkt und verführen immer zur Abspaltung vom realen Geschehen. Erst wenn ich mich der Situation stelle, etwas auf mich nehme, durch etwas hindurchgehe und mit allen äußeren und inneren Sinnen spüre und erleide, komme ich als ganzer Mensch zu tieferen Einsichten. Das trifft ganz besonders auf Erlittenes zu, sei es freiwillig oder unfreiwillig. Achim sucht sich durch seine Ausdauerläufe eine spürbare Erfahrung, die er erleiden muss und will. Er

erläuft sich seine Erfahrungen auf direkte Art und Weise, indem er durch seinen starken Willen Dichte und Tiefe dieser Erfahrungen steuert. So gesehen ist Weisheit auch eine Frage des Wollens und des bewussten Erlebens und Verarbeitens. Sich treiben lassen auf der Suche nach einem möglichst widerstandsfreien Weg kann keine bleibenden Kratzer und Furchen hinterlassen. Die Wahrheit liegt unter der Oberfläche. Für die Erlangung von Weisheit ist Schmerzbereitschaft und Ausdauer nötig.

Ich bin einfach ein Mensch, der nie aufgibt. Ich bin einer, der nicht so schnell irgendwas hinschmeißt. Wenn ich was vorhabe, dann versuche ich das zu realisieren. Um dieses Ziel zu erreichen, bin ich einer, der ziemlich weit geht. Ich schmeiße auch sonst nicht so schnell was hin, wenn Hürden oder Probleme kommen. Früher in der Firma, wenn alle schon gesagt haben, da geht nichts mehr, dann habe ich trotzdem noch geschaut, ob es einen Ausweg gibt. Irgendeinen Weg musste es geben. Meistens dauert es ein bisschen länger, bis man draufkommt, aber man muss dazu bereit sein. Es hat ein oder zwei Tage gedauert, dann war auf einmal die Lösung da. In Hamburg beim 1000-Meilen-Lauf habe ich trotz großer Schwierigkeiten weitergemacht. Alle haben gesagt, ich solle aufhören. Das schaffst du nicht mehr, du bist zu fertig. Hätte ich auf die gehört oder hätte ich nicht meine Erfahrungen gehabt, dann hätte ich sicherlich aufgehört. Ich wusste aber, ich kann noch was schaffen, ich bin noch nicht am Ende. Und dann habe ich bewiesen, dass ich es noch schaffe. Das kann man nur aus Niederlagen mit sich nehmen, die man positiv verarbeitet hat.

Achims Läuferkarriere ist keine Erfolgsstory ohne Ende. Er kennt das Auf und Ab, das es gerade bei Extremläufern gibt, die im Laufe eines Jahres nicht so viele Rennen absolvieren, sodass natürlicherweise vorkommende Niederlagen oder Einbrüche stärker ins

Gewicht fallen. Achim hat auch schon Rennen vorzeitig beendet oder ist bis zum Ende weitergelaufen, obwohl oder gerade weil er nur noch eine schlechte Platzierung erreichen konnte. Er hat alle Varianten vom ersten bis zum letzten Platz durchlaufen, vom großen Sieg bis zur großen Niederlage. Deswegen kennt er sich selbst aus allen Blickwinkeln und ist gut in der Lage, zu entscheiden, welche Ressourcen noch vorhanden sind, wie er seine Grenze verschieben kann und ob weiterlaufen für ihn noch einen Sinn macht. Das bezieht sich auch auf sein Privatleben, in dem die Dinge sich nicht nur geradlinig entwickelten und er auch mit Grenzen und Abbrüchen in Berührung kam.

Scheidung ist nicht grad so schön. Ich bin zweimal geschieden. Beim zweiten Mal habe ich gesagt, jetzt heirate ich nicht mehr. Das tue ich mir nicht mehr an. Zuerst war man glücklich, und dann schmeißt man sich alles gegen den Kopf. Was vorher so schön war, war auf einmal alles schlecht. Ich habe nie verstanden, warum das Schlechte nachher überwogen hat. Wenn man nur Schlechtes erlebt hat, dann hätte man gar nicht so lange zusammenbleiben dürfen. Da kann irgendwas nicht stimmen. Ich meine, man kann sich nicht mehr verstehen, das ist ja o.k. Man geht dann halt auseinander. Bei manchen, die 20 Jahre verheiratet sind, heißt es auf einmal, die ersten Jahre waren gut, die andern fünfzehn Jahre waren nur schlecht. Das kann ich mir nicht vorstellen. Ich mache doch nicht fünfzehn Jahre etwas, was mich jeden Tag bedrückt. Es gibt wenig Paare, die gehen auseinander und sagen, die Zeit war trotzdem schön. Das hört man ganz selten. Man hört eher, dass die Partner sich noch einen reinwürgen wollen und das dann auch tun. So etwas brauche ich in meinem Leben nicht mehr. Ich möchte nicht nochmal vor einem Richter stehen und wieder alles erzählen. Ich lebe lieber so. Dann kann jeder sagen, wenn es nicht klappt, gehe ich jetzt. Ich finde, wenn einer das Bedürfnis hat, mit dem anderen Menschen nicht mehr zusammenzuleben oder, wie bei einer Arbeitsstelle, wenn die mich nicht mehr erfüllt oder ich da nicht mehr arbeiten kann, dann sollte man gehen. Alles andere ist eine Quälerei. Man betrügt sich nur selber. Im Grunde genommen möchte man ja was anderes machen. Man sollte seinen Weg verändern, wenn man merkt, es geht nicht mehr.

Ein Mann geht seinen Weg. Das ist ein großer Teil dessen, was den Extremläufer Achim Heukemes ausmacht. Dazu gehören auch die nicht nur angenehmen Folgen, die dieser Weg für ihn und andere bedeutet. Es ist eine Entscheidung, die er gefällt hat und die zu ihm passt. Er zieht seine Sachen durch. Für ihn ist es besser, das Glück zu suchen, als dass er es niemals findet. Besser er tut, was er will und scheitert, als er tut nicht, was er will und ist ein Niemand. Dem Laufen hat er sich mit Haut und Haaren verschrieben. Dafür lebt er konsequent und achtsam. Sein Ziel hat er immer vor Augen. Er lenkt sich nicht ab, und er lässt sich nicht ablenken. Als Läufer ist Achim ein zufriedener Mensch. Und wenn es mit dem Laufen nicht mehr klappen sollte, wird er sich ein neues Ziel suchen. Kein alltägliches natürlich, sondern eines, das ihm wieder alles abverlangen wird und das Unmögliche möglich machen soll.

So wie ich laufe, lebe ich auch. Ich lerne durch das Laufen. Meinen Sport nehme ich mit in mein Leben rein. Das Pflichtbewusstsein, die Disziplin, das trage ich alles ins alltägliche Leben mit rein. Es kann auch umgekehrt sein, weil ich schon immer diszipliniert war. Vielleicht habe ich diese Disziplin in meinen Sport getragen, und sie hat mir meine besonderen Leistungen ermöglicht. Auf jeden Fall sollte man das, was man anfängt, zu Ende führen und sich nicht abbringen lassen von seinen Plänen. Wenn ich etwas Spezielles plane oder anfange, dann sollte ich mich nur darauf konzentrieren und nicht nebenbei etwas anderes beginnen. Viele machen drei Sachen nebeneinander.

Das konnte ich noch nie. Wenn man mehrere Sachen macht, kann man nicht alle Sachen richtig machen. Irgendwas bleibt auf der Strecke. Wenn ich das eine anfange, dann mache ich es erst zu Ende. Das habe ich immer schon so gehalten. Was man macht, macht man richtig. Nur so kann man die wirklich wichtigen Dinge erfüllen. Ganz wichtig ist mir meine Gesundheit. Ich bin froh, dass ich zu keinem Arzt gehen muss. Ich bin froh, dass ich mich nur einem anvertrauen muss, wenn es mir schlecht geht, und das ist Gott. Und deshalb bin ich froh, dass ich mich nicht in andere Hände geben muss. Wenn ich einen Unfall habe, kann ich nichts mehr machen. Im Moment fehlt mir nichts. Ich bin mit allem unheimlich zufrieden, mit mir selber und mit dem Leben, das ich führe. Ich brauche nicht viel Geld. Ich bin mit dem, was ich habe, einfach zufrieden.

Sind Sie ein Extremläufer?

33 überraschende Fragen aus der Welt des Achim Heukemes

Der Träumer

1. Halten Sie alles für möglich, oder verhindern Schranken in Ihrem Kopf Visionen und Utopien?
2. Nehmen Sie Ihre Träume ernst?
3. Nutzen Sie die grenzenlose Welt der Träume als Probebühne für Ihr mögliches Handeln?

Der Trucker

1. Sind Sie gerne unterwegs und ungebunden?
2. Lieben Sie es, sich ausdauernd in der Natur und auf Straßen zu bewegen?
3. Können Sie auch auf dem Weg in die Ferne Nähe zu sich empfinden?

Der Einzelkämpfer

1. Können Sie sich auf sich selbst verlassen und immer und in jeder Beziehung die Verantwortung für sich selbst übernehmen?
2. Sind Sie unabhängig von den Einflüssen anderer, und können Sie auf die Geborgenheit in einer Gruppe verzichten?
3. Können Sie gut alleine sein und sich in allen Lebenslagen alleine durchsetzen?

Der Eroberer

1. Haben Sie Lust auf Fremdes?
2. Können Sie Ihre innere Unruhe und Ihren Bewegungsdrang für Ihre persönliche Expansion nutzen?
3. Sind Sie mutig genug für völlig neue Erfahrungen, aus denen Sie für sich etwas lernen können?

Der Aussteiger

1. Sind Sie bereit, Risiken einzugehen?
2. Wollen Sie gerne anders als die anderen sein?
3. Ist Ihre Unabhängigkeit Ihnen etwas wert?

Der Professionelle

1. Sind Sie sich klar darüber, dass Sie sehr viel Zeit und Disziplin für das Laufen und Ihre körperliche Fitness benötigen?
2. Sind Sie in der Lage, das Ziel, das Sie sich gesetzt haben, immer wach zu halten?
3. Sehen Sie es als wichtig an, Versprechungen unbedingt einzuhalten, die Sie anderen und sich selbst gegenüber gemacht haben?

Der Gladiator

1. Suchen Sie gerne sportliche Herausforderungen, oder wollen Sie etwas erreichen, was noch niemand geschafft hat?
2. Macht es Ihnen Spaß, anderen Ihren Körper und Ihr Können vorzuführen?
3. Können Sie genügend Kraft aus sich selbst schöpfen und ihre Konkurrenten fair bekämpfen?

Der Künstler

1. Erlaufen und erkunden Sie gerne auf eigene Faust Landschaften und Länder?
2. Können Sie sich vorstellen, Ihre Läufe als großes Ereignis selbst zu erfinden und zu organisieren?
3. Gefällt es Ihnen, sich durch die Gestaltung Ihrer Lauf-Events mit Ihrer ganzen Person und allen Ihren Fähigkeiten auszudrücken und zu präsentieren?

Der Masochist

1. Sind Sie mit Ihrem Körper vertraut, und verstehen Sie unabhängig von Messgeräten seine Signale?
2. Können Sie Schmerzen akzeptieren und längere Zeit aushalten?
3. Ist es ein gewisser Genuss für Sie, sich durch Ihren eisernen Willen zu quälen, wenn es sein muss?

Der Grenzgänger

1. Trauen Sie sich zu, die Sicherheiten Ihrer gewohnten körperlichen und geistigen Befindlichkeiten zu verlassen?
2. Wollen Sie herausfinden, zu welchen Leistungen Sie fähig sind, wenn Sie es wirklich wollen?
3. Suchen Sie gezielt ängstigende und extreme Situationen, um Ihre Selbstwahrnehmung und Selbsterkenntnis voranzutreiben?

Der Weise

1. Haben Sie den Willen und die Möglichkeit, Laufen zu einer alltäglichen Praxis werden zu lassen?
2. Sind Sie bereit, Erfahrung und Einsicht mühsam und leidvoll zu erarbeiten?
3. Wollen Sie die Fähigkeit entwickeln, Körper und Geist zu vereinen und *mit* der Situation zu gehen, statt gegen sie?

Anhang

Lebenslauf – Im Laufe der Zeit

25.9.1951 geboren in Wuppertal

1965 Abschluss der Volksschule

1969 Abschluss der Lehrzeit als Industriekaufmann

1969 Eintritt in Speditionsfirma

1971 Heirat, Geburt eines Sohnes

ab 1972 Fernfahrer

1979 Scheidung

1982 Motorradunfall

1983 Umzug nach Mittenwald/Oberbayern; 2. Ehe

1984 erstmals Teilnahme an einem Volkslauf; Beginn des regelmäßigen Laufens; Scheidung der 2. Ehe

1985 erster Marathon in Berlin in 3:03 Std.

1987 erster großer Marathon im Ausland: Boston (USA) in 2.47.07 Std.

1988 Umzug nach Nürnberg; Beendigung der Tätigkeit als Fernfahrer; Eintritt in eine Druckerei als Schichtführer

1990 erster 100-km-Lauf in Hanau in 7:46 Std.

1991 erster Titel: Deutscher Mannschaftsmeister mit Triathlon Hub im 100-km-Straßenrennen

1995 7 Marathons gelaufen, alle um 2:35 Std.

1997 erster 24-Stunden-Lauf in Stuttgart: als Sieger mit 205 km beendet

1998 erste Landesdurchquerung: Brenner – Sizilien, 1770 km in 16 Tagen

1999 Beendigung des Angestelltenverhältnisses; Beginn der Profilaufbahn als Selbständiger; Umzug nach Gräfenberg mit Lebensgefährtin Eva; deutscher Rekord im 48-Stunden-Lauf (389,5 km); erste TV-Berichte, zum ersten Mal Studiogast in einer Sportsendung

2000 erstmals deutscher Meister im 24-Stunden-Lauf; Europadurchquerung: Nordkap – Sizilien, 5735 km in 55 Tagen (Weltbestleistung)

2001 Gewinn des 48-Stunden-Laufes von Surgerès (Frankreich), ein Einladungsrennen der weltbesten Ultraläufer; Deutschlanddurchquerung: 1154 km in 6 Tagen und 21 Std. (Weltbestleistung)

2002 1000-Meilen-Lauf in Hamburg in zweitbester je erzielter Zeit; Teilnahme am Badwater Race im Death Valley/Las Vegas (aufgegeben)

Seit 2003 ist Achim Heukemes Botschafter der «Dt. Fanconi-Anämie-Hilfe e.V.» zur Rettung knochenmarkerkrankter Kinder

Achim Heukemes steht für Veranstaltungen zur Verfügung: www.Heukemes.net

Laufstatistiken – Rekorde, Meisterschaften und andere Leistungen

Persönliche Bestzeiten

10 km: 31 Std. 57 Min.
Marathon: 2 Std. 32 Min. 26 Sek.
6-Stunden-Lauf: 80,4 km
100 km: 7 Std. 34 Min. (Straße) (Bahn) 7 Std. 33 Min.
24-Stunden-Lauf: 237 km (Straße)
48-Stunden-Lauf: 389,5 km (Straße); 377 km (Bahn)
6 Tage: 843,3 km
1000 km: 7 Tage 4 Std. 57 Min. 18 Sek.
1000 Meilen: 11 Tage 18 Std. 30 Min. 54 Sek.

Deutsche Rekorde

48-Stunden-Lauf: 389,5 km (1999) (Straße)
377 km (2001) (Bahn)

6-Tage-Lauf: 843,3 (2002)

1000 km: 7 Tage 4 Std. 57 Min. 18 Sek. (2002)

1000 Meilen: 11 Tage 18 Std. 30 Min. 54 Sek. (2002)

Weltbestleistungen

6 Tage M50: s. o.

1154 km: 6 Tage 21 Std. 15 Min. (Sololauf Deutschlanddurchquerung 2001)

1000 km M50: s. o.

1000 Meilen M50: s. o.

5735 km: 55 Tage 6 Std. 45 Min. (Sololauf Europadurchquerung 2000)

Meisterschaften

Deutscher Mannschaftsmeister (Triathlon Hub) 1991 u. 1992: 100 km Straße

Deutscher Meister 2000 u. 2001: 24-Stunden-Lauf

Deutscher Vizemeister 1999: 24-Stunden-Lauf

Deutscher Vizemeister 1997, 1998 u. 2000: 100 km Bahn

Vize-Europameister mit DLV-Nationalteam 2002: 24-Stunden-Lauf

Siege (Auswahl)

6-Stunden-Lauf	München 2000, 2001 u. 2002
24-Sunden-Lauf	Stuttgart 1997 und 2001
24-Stunden-Lauf	Bobingen 1999
24-Stunden-Lauf	Hamburg 2000
48-Stunden-Lauf	Surgerès 2001
48-Stunden-Lauf	Köln 2001

Auszeichnungen

DUV Sportler des Jahres 2000 u. 2001 (Deutsche Ultra-Marathon Vereinigung)

DUV Ehrenpreis 2002

Teilnahmen (Auswahl, ohne Straßenläufe u. Ä.)

Marathon: New York, Boston, Los Angeles, Zürich, Wien, München, Berlin, Kandel, Regensburg, Hannover, Bad Füssing, Frankfurt, Mailand, Honolulu, Monschau, Göppingen, Rom

Bergläufe: Matterhorn, Kitzbühler Horn, Jungfrauen, Osterfelder, Stilfser Joch, Kanzelwand, Zugspitze, Timmelsjoch, Swiss Alpin, Cross du Mont Blanc

100 km: Del Passatore (Italien), Palamos (Spanien), Hanau, Rheine, Brakel, Ottweiler, Pfalzgrafenweiler, Warburg, Tochout (Belgien)

24-Stunden-Lauf: Basel, Hamburg, Bobingen, Stuttgart, Verona, Uden (Holland), Gravigny (Frankreich)

48-Stunden-Lauf: Surgerès (Frankreich), Köln

Pro Jahr gelaufene Kilometer

1986: 2700 km
1987: 3935 km
1988: 5336 km
1989: 5660 km
1990: 5340 km
1991: 5760 km
1992: 5380 km
1993: 4530 km
1994: 5430 km
1995: 6455 km
1996: 6300 km
1997: 6118 km
1998: 6634 km
1999: 8555 km
2000: 11452 km
2001: 8431 km
2002: 8145 km

Laufprojekte

Italiendurchquerung 1998

1770 km in 16 Tagen 8 Std. 30 Min.

Mallorca-Umrundung 1999

357 km in 46 Std. 51 Min.

Europadurchquerung 2000

5753 km in 55 Tagen 6 Std. 45 Min.

Deutschlanddurchquerung 2001

1154 km in 6 Tagen 21 Std. 15 Min.

1000-Meilen-Lauf 2002 (Hamburg)

11 Tage 18 Std. 30 Min. 54 Sek.

Fotonachweis

A.H.-Team: Seite 2, 8, 16, 34, 48, 50, 60, 78, 106, 114, 122, 138, 148, 156
Armin Schirmayer: Seite 68, 166
Bruno Weiß: Seite 130
privat: Seite 30, 96
A. H. Team/Villy Günther: Seite 88, 176

Die Einsamkeit des Langstreckenläufers – Lesetipps für Läufer, die mehr wollen als laufen

Jeweils 5 Bücher haben Achim Heukemes und Ulfilas Meyer herausgesucht. 5 Bücher, die sie beeindruckt haben und die ihnen wichtig erschienen für Leser und Läufer. Bücher, die überraschende und unbekannte, amüsante und tief greifende Aspekte des Laufens erhellen. Subjektive, persönliche Informationen und Emotionen, die über das tägliche praktische Laufen hinausweisen. Auch Bücher, die nicht direkt etwas mit Laufen zu tun haben, die uns aber einfach so und unser Laufen und unsere Einstellung zum Laufen beeinflusst haben.

Lesetipps von Achim Heukemes:

Blech, Jörg: Leben auf dem Menschen. – Die Geschichte unserer Besiedler. Reinbek bei Hamburg 2000

Castella, Robert de: Laufen – mein Leben. Aachen 1986

Messner, Reinhold: Alleingang – Nanga Parbat. München 1979

Messner, Reinhold: Everest Solo – Der gläserne Horizont. Frankfurt 2000

Vanier, Nicolas: Die Weiße Odyssee. München 2000

Lesetipps von Ulfilas Meyer:

Bauch, Herbert / Birkmann, Michael: « ... die sich für Geld sehen lassen ...» Über die Anfänge der Schnell- und Kunstläufe im 19. Jahrhundert. Marburg 1996

Dietrich, Reinhold: Die Freiheit des Laufens. Körperhaltung und Körperbewegungen. Elixhausen bei Salzburg 2001

Rohé, Fred: Zen des Laufens. Berlin 1978

Stach, Reiner (Hrsg.): Zur Psychologie des Laufens. Frankfurt a. M. 1994

Ziemainz, Heiko / Schmidt, Ulf / Stoll, Oliver: Psychologie in Ausdauersportarten. Butzbach-Griedel 2000